Table

Salafisme

Le terme salafisme est issu du mot arabe "salaf", qui signifie "pieux prédécesseur", et fait référence aux premiers musulmans. Il prône ainsi un retour à la pratique ancestrale de l'islam, correspondant à l'époque du prophète et dont les musulmans se seraient éloignés.

Celui qui s'efforce d'emprunter leur chemin est un salafiste, quel que soit le groupe auquel il appartient, et celui qui enfreint leurs principes s'y exclut. Ce mouvement défend une lecture orthopraxe de l'islam, c'est-à-dire fondée sur la pratique: la spiritualité ne suffisant pas, le comportement y est fondamental.

Mais si les salafistes défendent une lecture rigoriste de la charia, leurs objectifs peuvent être fort différents. Les islamologues les divisent ainsi en trois courants:

-Les salafistes quiétistes constituent la très large majorité du mouvement. Leur pratique de l'islam se fait en retrait de la société afin de maintenir les préceptes défendus et de les faire gagner en puissance au sein même des musulmans. Ils n'ont pas la volonté d'influencer l'environnement hors de la religion et des croyants et rejettent notamment la question politique, ainsi que toute tentative d'intégrer la pratique de l'islam à un modèle occidental

-Le salafisme réformiste, ou politique, promeut à l'inverse une modification des institutions politiques en lien avec la religion. Les salafistes réformistes, inspirés notamment des Frères musulmans en Egypte, peuvent s'organiser en partis politiques afin de faire valoir leur conception dans le cadre d'élections.

-Le salafisme révolutionnaire constitue la mouvance djihadiste, apparue dans les camps de Peshawar, au Pakistan, sur fond de guerre en Afghanistan contre l'occupation soviétique dans les années 1980. Minoritaires mais particulièrement visibles en raison de leur action violente, les adeptes de ce courant prônent la guerre sainte et revendiquent une action armée pour défendre la oumma, la communauté musulmane.

Le discours dominant qui a tendance à enfermer sous une même appellation la galaxie salafiste, faisant notamment de tous les salafistes des terroristes, est donc très largement erroné. La frontière entre les deux est devenue beaucoup plus poreuse depuis l'irruption de Daech: certains, qui étaient quiétistes, basculent dans le djihadisme et vice versa.

Rappelons à cet égard que le wahhabisme, qui est apparu vers la fin du XVIIIe siècle dans ce qui n'était pas encore l'Arabie saoudite, est la principale source d'inspiration du salafisme contemporain avec comme principal maître à penser Mohammed Ibn al- Wahhab. Pour lui, ce sont les modalités de la croyance qui vont déterminer l'appartenance à l'islam et c'est à partir de là qu'Al-Wahhab élabore sa théorie du soupçon contre toutes les formes de croyance qui s'éloigneraient du Coran et de la sunna.

Aucun autre pays n'a investi autant et ne s'est engagé aussi ouvertement dans sa propagation. Du Maroc à l'Indonésie, plusieurs des ténors contemporains du salafisme ont étudié l'islam en Arabie saoudite ou ont été formés par des savants eux-mêmes formés dans ce pays.

Par ailleurs, la principale divergence entre les wahhabites et les salafistes porte sur le thème de l'Etat islamique: le wahhabisme se satisfait d'un leader local s'il respecte et fait respecter la charia, tandis que le salafisme souhaite revenir au califat pour l'ensemble des croyants. Cela étant, Al Qaida et Daesh poursuivent un même objectif: instaurer un Etat, c'est-à-dire une autorité régissant la population d'un territoire donné.

Ce qui les oppose, hormis d'inévitables rivalités de personnes, c'est l'ordre des opérations. La première pose la défaite du monde occidental en préalable à la restauration de l'Etat islamique, le second fait de la refondation de ce dernier un prérequis à la domination mondiale de l'islam.

Les attentats à caractère dispersé appartiennent à une première phase, une guerre d'usure dont le but est de déstabiliser l'ennemi. Une deuxième, celle de "l'équilibre", voit les cellules attaquer systématiquement l'armée ou la police, en pourchasser et exécuter les chefs, s'emparer des zones qu'il est possible de libérer. Pendant la troisième, la "guerre de libération", les cellules se basent sur les zones libérées pour conquérir le reste du territoire, tandis que, derrière les lignes ennemies, continuent assassinats et attentats qui achèvent de détruire le monde de l'impiété.

La feuille de route suivie par Daech, depuis 2011, correspond parfaitement à ce schéma. Al-Qaïda, Boko Haram et Daech opèrent dans un cadre défini en partie par le salafisme. C'est sur le plan de leur corpus théologique qu'ils s'en rapprochent le plus: le salafisme devient avec eux dogme religieux et méthode politique, et le jihad moyen de lutte de type révolutionnaire.

Paradoxalement, leurs objectifs politiques, leur obsession pour le combat armé et la surenchère de violence barbare à laquelle ils s'adonnent les éloignent de l'idéal de pureté religieuse et, donc, du statut de salafis. Daech, par exemple, n'hésite pas à se jouer des normes de l'épistémologie salafiste pour justifier des actions qui frappent l'imaginaire collectif, telle l'exécution du pilote jordanien brûlé vif en janvier 2015.

La Confrérie

Né en 1906, à Mahmudiyya, non loin d'Alexandrie et ayant étudié à l'école primaire de Dar al-'ulum, Hassan al- Banna, le père fondateur du mouvement al-Ikhwan al-Mouslimin («les Frères musulmans»), est l'imam, le père spirituel et l'initiateur du projet politique de l'islam global, selon la définition de tous les adhérents de cette cause qui refusent l'expression d'«islam politique».

Les Frères musulmans, organisation fondée officiellement en 1928, est le plus grand mouvement religieux, politique, social et économique de l'ère moderne. Il a inspiré ou donné naissance à la quasi-totalité des mouvements et groupes islamistes du monde, du début du XXe siècle jusqu'à nos jours. Le but ultime de ce mouvement est de créer le grand État islamique, historiquement connu sous l'expression de Khilafat al-Islamiyyah («Le califat islamique»), qui est censé gouverner le monde sous la loi de l'islam.

C'est entre 1920 et 1924 que s'est forgée la personnalité religieuse du jeune instituteur Hassan El-Banna et que son attachement au mode de vie islamique s'est enraciné. El-Banna, qui avait quatre frères, passait son temps à étudier le coran, la théologie islamique et son exégèse. Ses idées rejoignirent peu à peu la vision et la pensée de Mohamed Abdel Wahhab (1703-1787), fondateur du courant religieux fondamentaliste sunnite de la péninsule arabe.

Pour El-Banna, la piété résidait dans «l'honneur» d'exécuter l'ordre coranique en répondant à la Daa'wa, «l'appel de l'islam» dans le cadre «étatique» du Califat islamique. Ce principe cité par El-Banna sera plus tard la doctrine principale d'al-Jamãa al-Islamiyyah («Le groupe islamique»), groupe armé issu de la confrérie qui lancera, au cours des années 1980 et 1990, une série d'agressions armées au nom du jihad.

L'analyse de la perception géopolitique d'Hassan El-Banna laisse apparaître sa vision de la situation: «La vraie indépendance proviendrait du retour au seul modèle de l'État islamique.»

Un autre événement va jouer un rôle essentiel aux yeux d'El-Banna. La victoire de Mustapha Kemal Atatürk et de ses compagnons, les Kémalistes, sur l'Empire ottoman, en 1923, fut un choc tragique pour le futur fondateur des Frères musulmans. L'Empire, en effet, était le dernier califat islamique.

El-Banna était convaincu que cette chute n'était ni plus ni moins qu'une action occidentale conduite contre l'islam. Le sultan ottoman était le calife, «le Commandeur des croyants» (Amir al-Mo'ménin,) et le grand imam des musulmans du monde. Sa défaite face à un jeune militaire laïc comme Atatürk constituait aux yeux d'Hassan El-

Banna la défaite d'un projet sacré et intangible, qui n'était que l'application de la religion.

Ce tremblement de terre géopolitique et religieux fut un défi pour El-Banna: l'État islamique, désigné par l'expression d'al-Khilafa al-Islamiyyah, devait renaître et un leader devait remplacer le sultan pour devenir le nouveau grand imam, commandeur des croyants. C'est la raison pour laquelle il décida d'entamer une période nommée al-Sahwa, «le réveil», sur un fondement qu'il qualifie a d'«authentiquement islamique», qui réunirait les jeunes musulmans sous une bannière unique et restaurerait l'âme du coran au sein de la société qui l'avait abandonnée.

En 1927, El-Banna devint instituteur à Ismaïlia, ville située au nord-est de l'Égypte, sur le bord du canal de Suez, où il poursuivit son style de vie religieux. Ayant toujours à l'esprit le modèle de l'État islamique, El-Banna fut déçu des positions de la mosquée d'al-Azhar sur les nombreuses questions politiques et géopolitiques de l'époque.

C'est en 1928, à Ismaïlia, après plusieurs réunions avec ses collègues et ses professeurs, que Hassan Ahmed El-Banna jeta les bases du Jamã'at al-Ikhwan al-Moslimin, «le groupe des Frères musulmans», trouvant son inspiration dans la sourate qui dit «*Et préparez [pour lutter] contre eux tout ce que vous pouvez comme forces et comme cavalerie équipée, afin d'effrayer l'ennemi d'Allah et le vôtre.*»

Les débuts furent très simples, puisqu'il s'agissait de discuter avec des gens ordinaires, non pas dans les mosquées, mais dans les cafés d'Ismaïlia et du Caire. Hassan El-Banna dialoguait lui-même avec ces personnes, leur parlait de la religion et des aspirations de son mouvement. Il réussit ainsi à constituer une base populaire attachée à son discours. Pendant quatre ans, jusqu'à son installation au Caire en 1932, il officia à Port-Saïd et à Suez, toujours avec succès.

Muté au Caire, il fait déménager le bureau de l'association qui commence d'ailleurs à avoir de nombreux représentants dans tous les gouvernorats du pays. Parmi les lignes directrices du mouvement, il faut signaler celui de la non séparation du politique et du religieux, ainsi que la constante sociale du mouvement (*khayriyya*), son volontarisme en direction des jeunes et des couches les plus démunies.

Plus tard, le mouvement s'intéressera de près à toute la colonne éducative du pays: écoles de garçons et de filles, instituts, universités, mais aussi hôpitaux et mosquées. Le même principe sera généralisé dans tous les pays où les Frères musulmans auront des adeptes et des relais selon une tactique d'occupation douce et de rayonnement concentrique, même en Europe, où ils échoueront cependant face à la pugnacité des autres prédicateurs.

Le siège des Frères musulmans fut installé officiellement au Caire en octobre 1932, au sein d'une mosquée et d'une école coranique. En mai 1933, parurent les premières éditions du journal hebdomadaire al-Ikhwan («Les Frères»), ainsi que d'un second périodique, al-Nazir («L'Avertisseur»).

À partir du milieu des années 1930, Hassan El-Banna décida de passer à l'étape suivante, celle du recrutement. Cette phase consista à attirer des jeunes qui adhéreraient à son programme et seraient préparés à prendre les risques nécessaires pour la réalisation de son rêve sacré. Pour El-Banna, la force du mouvement devait être fondée sur une dynamique associant la jeunesse, la mobilisation des masses populaires et la violence.

Au cours de la seconde moitié des années 1930, les cellules des Frères musulmans se multiplièrent dans tout le pays, jusqu'à atteindre le nombre de trois cents. Hassan El-Banna en inaugura chaque siège, accompagné de ses assistants. Dans ses discours, il incitait les jeunes et les commerçants à rejoindre le mouvement, afin de mobiliser la jeunesse et d'attirer des financements.

Le recrutement des jeunes au sein du mouvement donna naissance au groupe al-Shobban al-Mouslimin («Les jeunes musulmans»), en réponse aux formations des jeunes chrétiens et des jeunes juifs (les

Macchabées). Le but d'El-Banna était de disposer d'une ressource humaine dynamique, aspirant à réaliser un rêve sacré, qui constituerait un capital pour les Frères musulmans.

Hassan El-Banna estimait que des jeunes motivés seraient toujours une force capable de manifester l'existence d'un courant idéologique fort dans la société. L'exemple des jeunes militants nazis et fascistes, en Allemagne et en Italie, dans les années 1930, l'attirait et il n'hésita pas à exprimer son admiration pour ce modèle.

Ainsi, les jeunes scouts des Frères musulmans dénommés les «Chemises kaki» furent créés en 1940. Le but était d'intéresser les jeunes musulmans à la politique et de leur ouvrir l'esprit, au-delà du sport et des activités de leur âge, à la poursuite du califat islamique mondial. Le Guide général visait ainsi à instrumentaliser les rêves des jeunes.

L'idéologie des Frères musulmans est basée sur les textes coraniques qui traitent des questions temporelles et spirituelles. C'est la raison pour laquelle le coran est considéré comme une véritable constitution politique.

Deuxièmement, les Frères musulmans considèrent que les bases fondamentales de l'islam sont le livre d'Allah, le coran, et la sunna. Ces deux sources sont les lignes directrices uniques de l'oummah et de tous les musulmans; ces derniers doivent s'attacher à la source pure et simple de l'islam. Les Frères musulmans croient qu'il faut interpréter l'islam comme il a été interprété par les compagnons du Prophète Mahomet, dont quatre furent les premiers califes.

L'imam Hassan El-Banna s'est exprimé sur la démocratie, en s'appuyant sur les exemples anglais et français. Pour lui, la démocratie est une invention occidentale qui ne correspond qu'à l'Occident, car les non-musulmans ne possèdent pas de livre comme le coran capable de les guider. À ses yeux, l'apparition des partis politiques est le fruit de l'incapacité des peuples occidentaux à faire les choix conduisant à la stabilité de leurs sociétés. Il considérait les réformes politiques dans les démocraties occidentales comme l'indice évident de l'instabilité de ces sociétés et de leur recherche incessante d'un modèle exemplaire et idéal.

Aux yeux d'El-Banna, un tel modèle ne pouvait s'appliquer à l'Égypte et à l'oummah, puisque l'islam est un système unique de religion et d'État, qui rejette le pluralisme politique, facteur de division de l'oummah.

Hassan El-Banna considérait les partis politiques comme un piège venant des Occidentaux, l'adoption des causes nationales et l'abandon des causes religieuses étant dérivées du modèle occidental. Pour lui, les aspirations qui s'orientaient vers la démocratie occidentale et qui cherchaient à atteindre la liberté et l'indépendance étaient des aspirations ne correspondant pas aux consignes coraniques. La création des partis politiques en Égypte luttant contre la présence britannique n'était que l'œuvre des forces colonisatrices.

À ses yeux, la distance prise par les leaders nationaux vis-à-vis de l'esprit de l'islam fut la plus grande victoire de la colonisation sur le monde arabo-musulman. La véritable indépendance supposait le retour au modèle de l'État islamique. En matière économique, Hassan El-Banna prônait l'interdiction du prêt à intérêt tel que recommandé par la charia.

Il voyait dans l'application du droit islamique une délivrance de l'humanité de l'esclavage économique et un rétablissement de la dignité humaine. Il proposa donc de durcir les lois pour les rapprocher de la charia. Il compara même l'abolition de ce système économique à l'abolition de l'esclavage dont l'Occident se prétendait, selon lui, l'initiateur.

Hassan El-Banna avait aussi une opinion précise sur la femme et sur la polygamie. Il s'est exprimé ouvertement sur ce sujet dans le périodique Les Frères musulmans: «*Il est bon pour la femme, car cela milite en faveur de la justice sociale et de la parité dans la société, que chaque épouse jouisse d'un quart, du tiers ou de la moitié de l'homme, plutôt qu'une seule épouse jouisse d'un homme complet tandis qu'une, deux ou trois femmes n'auraient rien*».

Concernant les droits politiques réclamés par les femmes, il écrit clairement dans ce périodique: «*L'octroi du droit de vote à la femme est considéré comme une révolution contre l'islam et comme une révolution contre l'humanité, de même qu'élire une femme est une révolution contre l'humanité eu égard à la position naturelle de la femme parce qu'il contredit ce que doit être la femme vue sa composition (physiologique) et sa position dans la vie; élire une femme est une insulte aux femmes qui les atteint dans leur féminité*».

Lors de l'un de ses sermons, il ajouta: «*Que l'on réponde à ceux qui promeuvent l'occidentalisation, comme le droit de vote et la pratique de la profession d'avocat [par les femmes], que si les hommes, dont la mentalité est encore plus parfaite que les femmes, n'ont pas démontré une bonne performance dans ce domaine, qu'en pourrait-il être pour les femmes, qui sont imparfaites dans leur mentalité et leur religion?*»

De même, le Guide des Frères musulmans déclara que les femmes ne devaient jamais être invitées dans les soirées officielles avec les hommes de pouvoir, les diplomates et les étrangers non-musulmans.

Les Frères musulmans préconisent une fusion totale entre politique et religion : l'islam est pour eux tout à la fois une adoration, un commandement, un Coran et une épée, et nul ne saurait les démêler. Ils n'hésitent pas, le cas échéant, à jeter l'anathème sur des associations rivales, laïques ou étrangères, toujours suspectes à leurs yeux d'impiété et de collusion avec «les ennemis du véritable islam» qu'ils entendent seuls représenter.

Le succès de l'association des Frères musulmans est tel qu'elle peut se permettre d'envoyer une légion de volontaires lors de la guerre israélo-arabe de 1948: cette démonstration de force militaire est perçue comme une menace pour le pouvoir du roi Farouk, qui la fait interdire le 8 décembre 1948 avant de faire assassiner Hassan al-Banna dans un guet-apens le 2 février 1949.

Nasser s'appuie sur eux pour pousser Farouk vers la sortie en 1952; mais très vite, notamment pour s'allier les services de la grande mosquée Al-Azhar, il décide de combattre les Frères musulmans, dispersant une partie de leurs membres, en exilant d'autres et emprisonnant les éléments restants. L'association se radicalise alors, notamment sous la direction de Sayyid Qutb, sans doute le plus influent théoricien du jihadisme mondial; alors qu'elle renonce progressivement à la lutte armée à partir des années 1970, elle donne naissance à des mouvements plus extrémistes qu'elle, comme la Jama'a al-islamiyya, à qui l'on attribuera l'assassinat du président Sadate en 1981...

Les Fréres Ramadan

Tariq

Tariq Ramadan, depuis deux décennies déjà, prêche un islamisme radical. Bon orateur, dialecticien de talent, il sait s'adapter: à chaque auditoire, un discours, une analyse, un prêche différents, radicalisés ou modérés. Tariq Ramadan, starifié et adulé dans bien des mosquées des cités françaises, n'est pas un idéologue. Il fait de la politique, il biaise, il triche, il dissimule quand il l'estime nécessaire.

En septembre 1994, Tariq Ramadan, professeur de français dans un collège de Genève, crée l'association Musulmans, Musulmanes de Suisse (MMS) et se bombarde président, sans tenir compte du fait que la plupart des musulmans de Suisse ne viennent pas d'Afrique du Nord mais de Turquie, de Bosnie, du Kosovo, et vivent en Suisse alémanique. Dès le 16 décembre 1994, Tariq Ramadan organise le premier congrès du MMS.

Les musulmans ne se bousculent pas pour répondre à son appel. Qu'à cela ne tienne, il fait venir par bus entiers de l'Hexagone des militants de l'union des organisations islamiques de France (UOIF), proches des Frères musulmans, notamment Malika Dif et Hassan

Iquioussen. Mais une journaliste du magazine suisse L'Hebdo révèle le pot aux roses, titrant «Les musulmans de Suisse étaient... français». Elle raconte qu'à l'intérieur du congrès, les non musulmans et les journalistes auraient été traités d'«insectes». Tariq Ramadan ne s'en relève pas. Il décide d'abandonner la Suisse pour la France.

Enseignant, il séchait très souvent sa classe, critiquait ses collègues. Dans son livre Les Musulmans dans la laïcité, publié en 1994, il écrit en page 175 que les cours de biologie, d'histoire et de philosophie «peuvent contenir des enseignements qui ne sont pas en accord avec les principes de l'islam».

Et surtout, il adresse des chroniques dans les journaux, notamment dans Le Monde, pour réclamer «un moratoire sur l'application de la charia». Il se présente comme «professeur de philosophie et d'islamologie à l'université de Fribourg». Or, il n'est ni professeur, ni même assistant. Tariq Ramadan se contente de donner bénévolement chaque semaine un exposé d'une heure sur l'islam aux étudiants fribourgeois. Néanmoins, c'est cette carte de visite biaisée qui lui permet de se faire passer à l'étranger pour un universitaire.

«Malgré un bagage intellectuel assez léger, Ramadan se prévaut aujourd'hui d'enseigner à Oxford. Il oublie simplement de préciser que sa chaire universitaire est financée intégralement par le Qatar », souligne Alain Chouet, ancien chef du service de renseignement de sécurité à la DGSE. Pour mémoire, en sortant son chéquier, l'un des fils de Kadhafi avait obtenu un doctorat d'une université britannique, ne se donnant même pas la peine de le rédiger lui-même.

Le plus habile des Frères musulmans a en effet été propulsé au patrimoine mondial de l'islamité au printemps 2015. Mais Tariq Ramadan est entré si discrètement dans l' Union mondiale des savants musulmans (UMSM). Cet organisme basé au Qatar, représente la plus haute instance des Frères musulmans en matière de charia et de jurisprudence. Le groupe d'exégètes comprend des têtes connues et chenues, à commencer par celui qui l'a créé en 2004, Youssef Al-Qaradawi.

Tariq le bien-aimé des bienpensants est un vieux compagnon d'Al-Qaradawi pour lequel il a souvent exprimé son admiration. Il a participé avec lui à diverses actions d'islamisation, dont la préface d'un «Recueil de fatwas», tout empreint de misogynie et d'intolérance, destiné aux musulmans d'Europe. C'est un produit exclusif du «Conseil des fatwas et de la recherche» présidé lui aussi par Qaradawi. Celui-ci a célébré en 2012 un nouveau centre de recherche islamique au Qatar, dont Ramadan est le directeur.

Pour enjoliver l'image d'Hassan Al-Banna, Tariq Ramadan gomme systématiquement le caractère militaire et violent des Frères musulmans, en traduisant par exemple «jundî», non pas par « soldat», mais par «militant», et «katîba» par «cercle» au lieu de « brigade » ou «phalange».

Hani

Hani Ramadan ne dissimule rien. A l'envers de son cadet, il assume sa radicalité. En 2003, Ramadan l'aîné était chassé de l'enseignement public suisse. Il s'était autorisé à justifier, d'un point de vue philosophique, la lapidation des femmes. Des paroles de mort dans un langage faussement châtiée : "*Parce qu'il s'agit d'une instruction divine, la rigueur de cette loi [celle sur la lapidation] est éprouvante pour les musulmans eux-mêmes. Elle constitue une punition, mais aussi une forme de purification*". La femme, son statut, son sort, vire à l'obsession dans l'esprit du "théologien". Ainsi argue-t-il que, puisque "*le prophète ne sert pas la main des femmes, l'imiter est donc un signe de respect vis à vis des femmes*".

Les malades du sida sont frappés "*d'une purification divine à l'encontre de comportements déviants*". Justice du ciel et de Dieu puisque "*la personne qui respecte strictement les commandements divins est à l'abri de cette infection*". "*Dans le monde musulman, délaisser la prière, boire et forniquer sont des crimes pour lesquels la loi a prévu des châtiments*". Hani Ramadan et Tariq Ramadan s'imbriquent l'un dans l'autre et l'aîné convient d'ailleurs volontiers:

"Nous sommes les deux faces d'une même médaille".

Le Centre Islamique

Il a été fondé en 1961, grâce à l'argent saoudien, pour islamiser le Vieux continent et fédérer contre «le matérialisme athée» à l'initiative de Saïd Ramadan, chef en exil de la branche internationale des Frères musulmans. Surnommé le «petit Banna» parce qu'il était le disciple favori de Hassan al-Banna, Saïd Ramadan a épousé la fille préférée de Banna, Wafa et ils ont rêvé ensemble de voir triompher l'islam totalitaire de Hassan Al Banna depuis l'Europe.

Le Vieux continent est même devenu un enjeu en soi à la génération suivante, lorsque les enfants de Saïd Ramadan et Wafa al-Banna furent en âge de prendre la relève. Tous sont administrateurs du Centre islamique de Genève et les deux plus jeunes fils nés en Suisse, Hani et Tariq Ramadan, ont tout particulièrement repris le flambeau depuis la mort du père, en 1995.

Le directeur officiel du Centre, Hani Ramadan, fait partie des conférenciers les plus sollicités par les différentes associations de l'UOIF. Il a même rédigé plusieurs brochures de la collection *Islam, le saviez-vous?,* des prospectus édités par l'UOIF pour être distribués au Congrès du Bourget et servir de corpus théorique aux militants de base. L'une d'elles, *Le Sens de la soumission,* insiste sur le fait qu'un bon musulman est totalement soumis à Dieu.

L'autre, *Islam et démocratie,* explique que l'islam est incompatible avec la démocratie telle que l'entendent les occidentaux. On imagine aisément l'influence exercée par le directeur du Centre islamique de Genève, digne successeur du petit et du grand Banna, sur les militants de l'Union.

Comme son grand-père, Hani Ramadan est hanté par l'idée d'être contaminé par la décadence de l'Occident: *«N'observons-nous pas aujourd'hui encore en effet, que dans nos sociétés modernes, malgré le progrès des sciences et le confort matériel, nous sommes envahis par toutes sortes de maux qui traduisent une dérive* constante vers l'adoration du Taghut sous tous ses aspects? Ne serait-ce qu'au niveau d'une sexualité débridée qui s'exprime dans les relations hors mariage, dans la prostitution, l'homosexualité, le harcèlement, le viol, la pédophilie, l'inceste?".

Le spectre de la libération des mœurs fait partie de ses obsessions. Dans ses interviews, le directeur du Centre islamique de Genève ne perd jamais une occasion de rappeler qu'en islam «l'homosexualité est une impasse, aussi bien du point de vue de la loi révélée que de la logique: on n'ouvre pas une porte avec deux clés».

En 1998, il a publié un livre, la Femme en Islam, dans lequel il défend le droit à la polygamie comme le meilleur moyen de lutter contre le risque d'adultère et manifeste sa haine vis-a-vis des laïques souhaitant interdire le voile à l'école: «Le voile, en Islam, est le signe de la soumission de la croyance aux commandements divins."

UOIF

L'UOIF (Union des Organisations Islamiques de France) voit le jour en 1983 à Vandœuvre-les-Nancy, en Meurthe-et-Moselle dans les locaux de l'Association des musulmans de France (AMF). Au moment de sa création, elle se nomme «Union des organisations islamiques en France» et change son nom en «de» France en 1990 pour des raisons socio-politiques.

C'est une association type loi 1901, créée par Ahmed Mahmoud, Mahmoud Zouhair, tous deux élèves-ingénieurs, et Mohamed Khaldoun Bacha, étudiant en médecine à Besançon. Ils sont respectivement président de l'Association des musulmans de France, de l'Association islamique de l'Est de la France (AIEF) et du Centre culturel islamique de Franche-Comté (CCIFC).

De ce fait, l'UOIF avait à l'origine une image d'organisation de musulmans nés et ayant vécu longtemps dans leurs pays d'origine plus que de musulmans de France qui fréquenteront plutôt le réseau de Tariq Ramadan.

Notons que la création de l'UOIF est rendue possible par la libéralisation de la loi sur les associations étrangères installées sur le sol français qui, à partir de 1982, a créé les conditions de la multiplication des associations de type identitaire.

A sa naissance, l'UOIF ne représente que six à sept associations relativement petites dont, outre celles qui viennent d'être citées, l'AMAM, le GIF et la Ligue socio-culturelle islamique à Lille. Le président de cette dernière, le cardiologue syrien Mohamed Jammal, est connu pour son rôle au sein des Avant-Gardes islamiques, la fraction activiste de la branche syrienne des Frères Musulmans. Il deviendra en juillet 1985, le trésorier de l'UOIF.

Le 28 octobre 1983, deux Tunisiens, Ahmed Jaballah, frère du président du Groupement islamique en France et Abdallah Ben Mansour, membre fondateur et chef de file du GIF à sa création – à l'époque, il est le principal animateur du Rang Islamique en France – prennent les commandes de l'Union des organisations islamiques en France, respectivement en qualité de président et de secrétaire général. Cela correspond au transfert du siège de l'UOIF de Nancy à Amiens et à l'accentuation de son caractère cosmopolite.

En 1993, l'UOIF passe aux mains des Marocains. Ben Mansour est démissionné de son poste de Secrétaire Général de l'UOIF et réduit à l'état de simple militant. Il est remplacé par Lhaj Thami Breze (né en 1957 au Maroc) qui devient Président. Zouhair est également déchu de son poste et doit se contenter de sa position à l'institut européen des sciences humaines (IESH), une «université» créée par l'UOIF dans un château du Nivernais et dont la mission est de former des imams. Il est remplacé lui aussi par un marocain, Fouad Alaoui (né en 1961 au Maroc) qui devient Secrétaire Général de l'UOIF.

De la gestion provocatrice de Ben Mansour, on passe à la méthode plus subtile d'Alaoui. Les buts demeurent, seule la méthode change. Le 2 juin 2013, après 20 ans à la tête de l'UOIF, Ahmed Jaballah est remplacé par un autre Marocain, Amar Lasfar (recteur de la mosquée de Lille) né en 1960 au Maroc.

Officiellement, les objectifs de l'UOIF sont d'aider à répondre aux besoins culturels, éducatifs, sociaux et humanitaires des musulmans de France. Si l'UOIF s'est progressivement imposée comme la principale interlocutrice des pouvoirs publics en matière de culte de gestion courante des «affaires musulmanes» et elle suscite aujourd'hui beaucoup d'interrogations.

De fait, L'UOIF est une émanation française de l'idéologie des Frères musulmans, qui se fonde sur l'idée de l'islam comme système englobant tous les aspects de la vie, profanes comme sacrés. De plus, il y a une tradition du secret, voire du double discours, entretenue à l'UOIF dès sa création. Elle existe dès la fondation de l'organisation en France. Les dirigeants de l'organisation ont toujours eu peur d'être assimilés aux partis islamistes.

Cependant, les dirigeants de l'UOIF ont des objectifs clairs et une stratégie dite de conquête par nombre experts avec des visées politiques en direction des pays arabo-musulmans. Dès sa création, l'UOIF a voulu faire de la France une base arrière: un lieu où des militants islamistes pouvaient trouver refuge et où l'on essaie de modifier le regard que porte l'opinion publique sur leurs pays d'origine. Mais l'UOIF prétend surtout mettre au pas les musulmans de France.

Si à l'origine, l'association regroupait une quinzaine d'associations, elle en compte aujourd'hui 250 et clairement a acquis une place de force et une influence majeure sur les musulmans en France avec 40 lieux de cultes affiliés supplémentaires par an et 450 mosquées affiliées en 2012.

Notons, que l'UOIF a les deux écoles d'imams les plus fréquentées en France, l'IESH à Saint-Léger-du-Fougeret et sa nouvelle antenne à La Courneuve. Malgré les enseignements basés sur ceux du cheikh Al-Qaradawi interdit de séjour, qui y a donné souvent des «master-class» aucun gouvernement n'a à ce jour tenté de fermer ou de freiner ces centres islamistes. A moyen et long terme il suffit de regarder la courbe de progression de l'UOIF dans le paysage islamique français pour comprendre que rien ne limitera sa trajectoire.

Officiellement l'UOIF ne reçoit d'aide financière d'aucun État. Cependant, il est de notoire que ses mosquées sont également construites grâce aux dons des grands mécènes du Golfe. Les dirigeants de l'UOIF affirment que ses fonds ne proviennent qu'à 30% de particuliers à l'étranger. Les mécènes versent 10% de leurs revenus, pour être en conformité avec le principe de l'aumône légale.

L'argent afflue sur les comptes de l'UOIF qui pratique la discrétion sur l'origine de ses moyens financiers, et leur montant réel. De notoriété publique, on sait toutefois qu'une importante partie de ces fonds proviennent du Conseil national des mosquées, installé à La Mecque, de la Fondation internationale islamique de charité, basée au Koweït, relais privilégié des Frères Musulmans depuis 30 ans, ainsi que de l'Union des organisations islamiques en Europe, via des islamistes égyptiens et syriens installés en Allemagne, liés aux responsables de cette fédération dont le siège administratif se trouve à Birmingham. Aujourd'hui, l'UOIF s'autofinance également grâce à la certification halal, un commerce communautaire qu'ils ne cessent de promouvoir tant il est lucratif.

Emirats arabes unis et Arabie Saoudite

Au départ, l'UOIF a été subventionnée par le cheikh Zayyed [ex-président du Conseil suprême des Emirats arabes unis]. Ensuite, elle fut essentiellement financée par la Fondation Al-Maktoum, du nom de la famille de l'émir de Dubaï (capitale des Emirats arabes unis).

L'Etat saoudien qui, au travers de la Ligue islamique mondiale, a ainsi longtemps financé cette idéologie, et accordent des millions d'euros par an pour faire rayonner à travers le monde le «vrai islam ». En France, plusieurs mosquées ont été construites grâce à des fonds provenant des monarchies arabes et de la Ligue islamique mondiale telles les mosquées d'Evry et de Mantes-la-Jolie.

A partir de 1987 l'UOIF connait un réel développement grâce à une pluie de pétro-dollars en provenance du Machrek. L'argent arrive de Riyad, transporté dans les valises des responsables . En faisant de la fédération de l'UOIF leur mandataire principal, les Saoudiens (principalement de dons provenant de particuliers) lui donnent la puissance et imposent aux petites associations de rejoindre l'union pour bénéficier des prébendes arabes. En 2014 les Emirats arabes et l'Arabie saoudite classent l'UOIF comme organisation terroriste et la manne cesse.

Viande Halal

Celui-ci constitue un bon moyen de générer du liquide tant sur le marché français qu'à l'export. Le marché du halal représenterait officiellement plus d'un milliard de chiffre d'affaire par an, officieusement cinq fois plus. Il a en outre un potentiel de développement, tant la liste des produits déclarés licites s'allonge.

Le grand rassemblement du Bourget, pour des dizaines de milliers de musulmans de toute la France et de toute l'Europe, est également source de financement. Des exposants vendant des produits islamiques tiennent des stands: on peut y trouver des ouvrages, des DVD, des vêtements islamiques (foulards, khamis), des gadgets. Notons que c'est la seule foire d'une telle importance qui existe en Europe.

L'UOIF soutient financièrement les avocats des filles voilées qui attaquent en justice l'Etat pour pouvoir porter le voile à l'école. Mais la principale dépense consiste à acheter et à construire des locaux, pour gagner de l'importance : les élections au CFCM sont fondées sur la superficie des mosquées de chaque organisation ou fédération musulmane de France. Plus on possède de mètres carrés, plus on dispose d'électeurs, et plus on compte politiquement.

Europe

En Europe, les Frères sont représentés par la Fédération des organisations islamiques en Europe (FOIE), dont le siège social est à Bruxelles. Fondée en 1989, elle regroupe près de 500 associations dans 29 pays européens et publie un mensuel en arabe et en anglais, Al-Arabiyya .

En Belgique, c'est la Ligue islamique interculturelle de Belgique (LIIB) qui représente le canal historique du mouvement . Fondée en 1997, elle devient la Ligue des musulmans de Belgique (LMB) en février 2006, dispose d'une dizaine de mosquées, et est présente à Bruxelles, Anvers, Gand, Verviers...

Aux Pays-Bas, les Frères musulmans se regroupent dans la Liga van de Islamitische Gemeenschap in Nederland, fondée à La Haye en 1996. Fédération d'associations, elle rassemble notamment l'Europe Trust Nederland Foundation, le Nederlands Instituut voor Humane Stuides ou encore l'Islamic Relief.

En Grande-Bretagne, les Frères sont représentés par la Muslim association of Britain (MAB), fondée en 1997.

En Suisse, les Frères sont présents via la Ligue des musulmans de Suisse (LMS), fondée en 1994. La LMS dispose de plusieurs sections à travers tout le territoire helvétique (Bâle, Genève, le Tessin, Bern, Zurich...). C'est également le cas du Centre islamique de Genève, dirigé par Hani, le frère de Tariq Ramadan.

Une organisation pyramidale

Le travail de prédication des Frères européens leur a permis de disposer de 500 associations dans 29 pays du Vieux continent. Cependant, la France reste l'épicentre de l'idéologie frèriste ; ils y possèdent près de 250 associations et près de 100 lieux de culte (La Courneuve, Dijon, Marseille, Lille, Bordeaux...) .

L'UOIF dispose de deux types d'association. D'une part, des

associations généralistes, en charge d'activités religieuses, sociales et éducatives, qui entretiennent des relations plus au moins fortes avec les Frères.

À côté de ces associations généralistes, des structures plus spécialisées complètent le quadrillage de la prédication frériste : une association de jeunes (les Jeunes musulmans de France), d'étudiants (Étudiants musulmans de France), de femmes (Ligue française de la femme musulmane), humanitaire (Secours islamique), palestinienne (le Comité de bienfaisance et de soutien à la Palestine), médicale (Avicenne)… Malgré toutes ces informations, il reste difficile de chiffrer le nombre des militants. On peut tout au plus estimer leur capacité de mobilisation à quelques milliers de personnes.

Bien que les Frères soient présents à travers toute la France, ils sont plus fortement implantés dans certaines régions. Peu nombreux en région parisienne (même s'ils disposent d'une grande mosquée de près de 2 000 places à la Courneuve en Seine-Saint-Denis), ils composent de véritables bastions dans certaines régions comme l'Est et le Sud, où ils ont « verrouillé » l'offre religieuse en interdisant toute forme de prédication concurrente.

Ainsi, dans la mosquée de Cenon, en banlieue bordelaise, les responsables fréristes bloquent toute forme de prosélytisme du Tabligh ou du salafisme. Dans le Sud-Ouest, le Nord, le Limousin et en Champagne-Ardenne, ils disposent de grands centres islamiques et y sont très actifs. Face à cette implantation déséquilibrée, l'UOIF a décidé, depuis quelques années, de renforcer sa présence dans les régions stratégiques du fait d'un nombre important de personnes de confession musulmane mais où elle reste faiblement représentée.

Cette politique a permis à l'UOIF de conquérir la présidence du Conseil régional du culte musulman en Rhône-Alpes et de devenir l'interlocuteur privilégié de la mairie de Marseille, qui lui a confié la gestion de la future mosquée phocéenne.

La direction politique et spirituelle de l'organisation frériste est assurée par le Guide de l'organisation, qui est consulté sur tout, et qui définit comment doit se comporter le frère, individuellement et collectivement. Il est lui-même placé sous l'autorité du Guide européen et du Guide suprême de l'organisation mère installée en Égypte, Mohamed Akif.

De facto, l'UOIF est liée organiquement à l'Organisation internationale des Frères musulmans. À un niveau européen, les Frères musulmans français font partie de structures transnationales, l'Union étant membre de la Fédération des organisations islamiques en Europe (FOIE), située à Bruxelles.

Conseil européen

C'est à cette fin qu'a été créé, en 1997, à Dublin, le Conseil européen de la fatwa et de la recherche (CEFR). Dans ce conseil se trouvent des représentants français de l'UOIF comme Ahmed Jaballah, le Belge Mahmoud Moujahed Hassan, ou encore Youssouf Ibram, imam de la Fondation culturelle islamique (FCI) de Genève. L'adoption d'une fatwa rendant obligatoire la célébration du mariage civil pour rendre religieusement valide l'union d'un couple est un exemple de la volonté du CEFR de dessiner les contours d'une pratique islamique européenne.

Les Frères musulmans européens mènent donc une politique visant à la promotion de ce que certains nomment une citoyenneté musulmane, incitant les musulmans d'Europe à prendre part à la vie politique, économique et sociale du pays dans lequel ils vivent : Hani Ramadan parle «d'intégration positive». Le musulman doit être un acteur du changement social, et son action dictée par son éthique islamique.

En 1995, au congrès du Bourget, un prédicateur de l'UOIF, Hassan Iqioussen, a ainsi appelé à voter pour Lionel Jospin aux présidentielles. La MAB encourage les musulmans britanniques à voter, et a soutenu le maire travailliste de Londres Ken Livingstone, le parti Respect (gauche) et les Verts. En 2004, Anas al-Tikriti s'est présenté aux élections européennes dans la région du Yorkshire et de Humber, sans être élu.

Qatar Connexion

L'émirat du Qatar investit discrètement en finançant des mosquées et soutenant l'Union des organisations islamiques de France. La loi de 1905 ne permet pas à l'Etat francais de financer les lieux de culte. Le Qatar investit donc logiquement dans des mosquées dont la gestion échoit à l'UOIF ou à ses satellites régionaux. Il a ainsi financé en grande partie la mosquée Assalam de Nantes, administrée par l'association islamique de l'Ouest de la France (AIOF), qui a coûté 4,4 millions d'euros.

Même chose à Mulhouse, où la Qatar Charity a dépensé 2 millions d'euros. A Marseille, l'émirat payera 25% des 22 millions d'euros nécessaires à la future grande mosquée qui pourra accueillir entre 10 000 et 14 000 fidèles.

Qatar Charity est aussi présente en janvier 2009 lorsque l'Association des Musulmans d'Alsace (AMAL) commence la construction de «An Nour», un projet particulièrement grandiose: 4600 mètres carrés sur deux niveaux, une école et des commerces, une capacité d'accueil de 2000 fidèles. Coût total: sept millions d'euros. La même année, le Qatar finance, pour des montants similaires, un centre culturel à Reims.

Yusuf Al Qaradawi

Vedette d'Al-Jazira, le télécoraniste égyptien Youssef al-Qaradawi a longtemps été le meilleur porte-voix des Frères Musulmans. Mais ses positions tranchées commencent à agacer le Qatar, où il a trouvé refuge en 1970.

Lors d'un prêche à la mosquée de Doha sur les événements en cours en Égypte, Qaradawi a jeté l'anathème sur les Émirats. Leur faute selon lui: faire entrave à une gouvernance islamique. Retransmise à la télévision qatarie une semaine plus tard, cette "provocation" a déclenché une nouvelle crise diplomatique entre les deux voisins. Anwar Gargash, le ministre émirati des Affaires étrangères, a illico convoqué Fares al-Nuaimi, l'ambassadeur du Qatar, tandis qu'Abdullatif Ibn Rashid al-Zayani, le secrétaire général du Conseil de coopération du Golfe, est monté au créneau pour dénoncer "de fausses accusations qui servent les ennemis de la nation islamique".

Qatar Charity

Il s'appelle le cheikh Ahmed Mohmed Al Hammadi. C'est un «frère musulman» qatari qui ne se cache pas. Il était jusqu'à récemment professeur des sciences religieuses à la faculté de la Shari'a islamique à Doha. Selon certaines sources il est membre de l'UISM, présidée par Youssef Al Qaradawi, même si son nom n'apparaît pas sur la liste officielle des membres dirigeants, contenant seulement quelque quarantaine de noms, représentant différents pays.

Le cheikh Ahmed Mohmed Al Hammadi est aussi le quatrième secrétaire général, sur une liste contenant soixante-sept secrétaires, dirigeant l'organisation caritative islamiste nommée «*Munazzamat al-Da'wa al-Islamiyyah*» (Organisation d'appel à l'islam), présidée par l'ex-président soudanais, le général Abdel Rahman Swar al-Dahab, aidé par des cheikhs et sommités fréristes pour assurer principalement l'islamisation de l'Afrique, à travers les œuvres de charités, la construction de mosquées, d'écoles et la diffusion de l'idéologie islamiste au Soudan, au Congo, au Kenya, au Ghana, etc.

Aussi, Ahmed Mohmed Al Hammadi, est membre dirigeant de la puissante fondation «Qatar Charity» créée officieusement dans les années quatre-vingt, et officiellement en 1992, par un autre «frère musulman» qatari, nommé Abdellah Mohamed al-Dabbagh, qui présida son conseil d'administration jusqu'à sa démission de ce poste, poussé à la sortie, à la suite des pressions de l'administration américaine sur le régime qatari, soupçonnant cette fondation, d'apparence caritative, d'être l'appui financier d'Al-Qaïda d'Oussama Ben Laden et, plus généralement, de financement du terrorisme islamiste. Depuis janvier 2011, Israël a blacklisté cette fondation en la soupçenant de financer le Hamas palestinien.

Son rôle trouble dans le financement des factions jihadistes sunnites en Syrie est sérieusement évoqué par de nombreuses sources consultées. Aujourd'hui, le conseil d'administration de cette fondation est présidé par le cheikh qatari Hamad Bin Nasser Al-Thani. Son directeur exécutif est un autre «frère musulman» qatari nommé Yussef Al Kuwari.

Dans cette fondation, le cheikh Ahmed Mohmed Al Hammadi remplit, entre autres, une mission très particulière de promotion et de levé de fonds pour soutenir financièrement, par l'argent pétrodollar, presque exclusivement, les projets islamistes des «Frères Musulmans» en Europe, actifs sous la bannière de la UOIE et en France, actifs sous les couleurs de l'UOIF.

Pour ce faire, Ahmed Mohmed Al Hammadi ne lésine pas sur les moyens. Sur les réseaux sociaux, comme sur une chaine satellitaire qatarie, le même discours martelé, les mêmes arguments pour inciter les généreux donateurs au Qatar à participer au retour «conquérant» de l'islam, sur les terres de Rome, celles de l'Europe!

Ailleurs, en Europe et en France, *Ahmed Mohmed Al Hammadi* ne présenta, étrangement, que des projets menés par les membres de sa confrérie internationale. Hormis ses interlocuteurs occidentaux, très accueillants et très sympathiques, seuls les «frères musulmans» d'Europe et leurs projets sont mis en évidence.

Les investissements islamistes de "Qatar Charity" en Europe totalisent, depuis 2010, presque cent-trente millions d'euros, donnés principalement à ses émissaires « Frères Musulmans » pour mener à bien leurs projets d'islamisation et de reconquête de l'Europe.

Pour mieux gérer, au plus près, tous ces projets (écoles, centres islamistes, médias, etc.), "Qatar Charity" a décidé de créer en 2014, un bureau à Londres supervisant ses activités en Grande-Bretagne et en Europe. Cette branche européenne est présidée par un « frère » de l'UOIF de l'association AMAL, *Ayyoub Abouliaqin* qui dirigeait à Mulhouse les travaux de construction du « Centre Islamique an-Nour ». L'on dit toujours que pour mieux gérer ses affaires, vaut mieux s'en occuper soi-même.

Le "College – Lycee Averroes" existe grâce à la grande contribution financière de la « Qatar Charity », qui pour l'achat du nouveau bâtiment en 2012, a participé à hauteur de «**deux tiers**» du montant total de l'achat, à en croire la déclaration sans équivoque de *Makhlouf Mamèche*, le président de la FNEM, et « le » directeur de l'établissement.

L'autre tiers est supposé être financé par les dons des fidèles des mosquées. Sur sa page Facebook officielle, « Qatar Charity » avance le chiffre d'un million d'euros investi pour l'achat du bâtiment. Par ailleurs, la déclaration du président de la FNEM est contredite par celle du vrai directeur de cet établissement, *El Hassan Oufker* qui, en septembre 2012, avait déclaré dans un article publié par le site « SaphirNews.com »[36] (lire ici), que je cite : « L'achat du site nous a coûté 1,5 million d'euros et la première tranche des travaux 700 000 €, soit 2,2 millions d'euros au total [...] le financement a été entièrement pris en charge par la communauté musulmane du nord ».

Ce qui est certain c'est que le financement qatari incontestable n'est absolument pas un don inconditionnel ni un prêt à rembourser. Il s'agit bel et bien d'une contrepartie financière faisant du « Collège-Lycée Averroès », la propriété privée et l'autre satellite de la « Qatar Charity », dans le département du Nord, à côté de la « Mosquée de Lille-Sud » et du « Centre Islamique de Villeneuve d'Ascq » (CIV), entre autres. Il y a presque un an, jour pour jour, *Mohamed Karrat*, président UOIF de la CIV et surtout professeur de mathématiques au « Collège-Lycée Averroès » - l'un des présumés arracheurs de la tribune de Soufiane Zitouni à la salle des professeurs - avait célébré, à sa manière, la « Victoire de Gaza » et de ses « frères » du Hamas.

Par ailleurs, pour être sûr de la possession qatarie du « Collège-Lycée Averroès », il suffit, premièrement, de tenir compte du déplacement, en mai 2015, de la haute sphère internationale dirigeante de la « Qatar Charity » à Lille et à Villeneuve d'Ascq, en la personne, souvenez-vous, de son président du CA, le cheikh qatari *Hamad Bin Nasser Al-Thani*, de son directeur exécutif, le « frère musulman » qatari nommé *Yussef Al Kuwari* et du « frère » UOIF, *Ayyoub Abouliaqin*, directeur de la « Qatar Charity UK ».

Et deuxièmement, de suivre et d'analyser, entre autres, les nombreux tweets arabes de l'émissaire *Ahmed Mohmed Al Hammadi* définissant le « Collège-Lycée Averroès » comme étant un établissement privé musulman, situé au Nord de la France, afin de réaliser trois objectifs principaux: « Permettre aux filles voilées de poursuivre leurs études, atteindre l'excellence scolaire et former une génération islamique conservatrice » !

Sur d'autres tweets, ce « frère musulman » explique aux donateurs qataris que l'islam avance en France grâce: « à Dieu et grâce à vos dons ». Ainsi, et pour démontrer la crédibilité de son propos, il évoque sommairement l'argument démographique - encore une fois et de manière obsessionnelle - en confirmant que le nombre de musulmans français serait plutôt compris entre douze et quinze millions de citoyens.

En plus de cette affirmation, il prend le « Collège-Lycée Averroès » comme exemple de réussite des « projets d'islamisation » que mène la fondation qatari dans l'Hexagone. Ainsi, le « Collège-Lycée Averroès » est présenté comme étant un projet pionnier, se classant en 2013 à la tête du palmarès des lycées publics et privés français. Dans un autre tweet, ce « frère musulman » se félicita du fait que l'Etat français assure désormais, et depuis 2008, à cet établissement, l'équivalent de 80% de son budget annuel, en les puisant directement dans les deniers publics.

Depuis les mosquées de Doha, ce « frère » tweete et retweete, presque cinq fois par jour, y compris en instrumentalisant des photos d'élèves mineurs français scolarisés au sein du « Collège-

Lycée Averroès ». Ces publications visent surtout à justifier la nécessité de poursuivre les œuvres d'islamisation en Occident. Lors du dernier Ramadan, une photo publiée sur son compte, le montre debout dans une majestueuse mosquée de Doha - une sorte de mosquée-cathédrale - entrain d'argumenter le bien-fondé du projet de construction de trois autres établissements scolaires privés musulmans en ... France !

Le but d'islamisation et du « Tamkine » de cette fondation, avançant sur le territoire français, en étant presque dissimulé, sous un solide « cheval de Troie », nommé l'UOIF, est plus qu'évident. Les « Frères Musulmans » ont réussi l'atteinte du cœur du pouvoir au Qatar, au terme de presque soixante ans d'islamisation de la jeunesse qatarie, depuis les années cinquante, principalement à travers l'éducation et l'enseignement. Le même modèle est désormais exporté en Europe et en France, avec l'argent nécessaire à son établissement et à l'aide de connivences intéressées, mais somme toute regrettables, d'une partie de la classe politique française, de gauche comme de droite, mettant, pour des raisons électoralistes, l'argent public au service de l'islamisme !

Soufiane Zitouni

Depuis la rentrée 2014, Soufiane Zitouni enseigne au lycée Averroès, établissement privé musulman, sous contrat avec l'Etat, situé à Lille. Le 15 janvier, il publiait dans Libération une tribune intitulée «Le Prophète est aussi Charlie» dans laquelle il concluait *«le prophète de l'islam, Mohamed, pleure avec nous toutes les victimes innocentes de la barbarie et de l'ignorance, et demande à Allah le pardon pour les nombreuses brebis égarées se réclamant de sa religion alors qu'elles n'ont toujours pas compris l'essentiel de son message.»*

Soufiane Zitouni, professeur de philosophie, s'y attaque au manque d'humour de certains musulmans. Ses mots dérangent, choquent même, notamment au sein du Lycée Averroes, (Lille), premier lycée musulman de France, dont il démissionne dans la foulée. "*Dans mon lycée, il y avait des professeurs membres de l'UOIF (Union des Organisations Islamiques de France), proche des Frères musulmans*", explique Zitouni. "*Je n'ai pas été taxé d'islamophobie, mais j'ai été perçu comme un apostat*", raconte-t-il.

Il raconte ises difficultés suite à la publication de ce texte, ainsi que son quotidien durant les cinq mois passés au sein de ce lycée.

"Depuis la publication de mon article, il y a eu quelques «rebonds» dans ma vie, et certains d'entre eux, très négatifs, m'ont mené à démissionner du lycée musulman Averroès de Lille, lycée sous contrat avec l'Etat où j'ai tenté d'exercer durant cinq mois éprouvants mon métier de professeur de philosophie.

J'ai reçu de nombreux soutiens et remerciements après la publication de ce texte, certains m'ont même parlé de «courage». Mais pour moi, prendre la plume pour faire entendre ma voix en tant que citoyen français de culture islamique après les horribles attentats contre Charlie Hebdo et l'Hyper Cacher était surtout de l'ordre du devoir. Or, le jour même de la publication de ce texte, un proche de la direction de mon lycée vint m'interrompre en plein cours pour me dire en catimini dans le couloir attenant à ma classe : «Il est très bien ton texte, je suis d'accord avec toi sur le problème des musulmans qui manquent d'humour et de recul par rapport à leur religion, mais tu dois savoir que tu vas te faire beaucoup d'ennemis ici, et je te conseille de regarder derrière toi quand tu marcheras dans la rue…».

Par la suite, un enseignant décida d'afficher une photocopie de mon texte en salle des professeurs. Bien mal lui en prit ! Ma pauvre tribune libre sera retirée plusieurs fois du tableau d'affichage «Vie de l'établissement» par des collègues musulmans furieux qui crieront au sacrilège ! Puis le 20 janvier, un professeur du lycée, proche des frères Tariq et Hani Ramadan, publia une sorte de «réplique». Dans cette tribune, il incrimina mon manque de raison, et tira à boulets rouges sur Charlie Hebdo en affirmant que ce journal «cultive l'abject» et qu'il «concourt, chaque jour, à la banalisation des actes racistes» (sic).

Voilà donc ce que pensait un «représentant» du lycée Averroès d'un journal qui venait d'être attaqué tragiquement par des terroristes au nom d'Al Qaeda ! Pas étonnant alors que certains de mes élèves m'aient affirmé en cours que les caricaturistes de Charlie Hebdo assassinés l'avaient bien cherché, voire mérité... Et évidemment, nombre d'élèves me tiendront exactement le même discours que mon «contradicteur» : «vous n'auriez jamais dû écrire dans la presse que le Prophète est aussi Charlie !», «c'est un blasphème !», «vous léchez les pieds des ennemis de l'islam !», etc. Ce texte sera ensuite affiché à côté du mien en salle des professeurs, par souci du «débat démocratique», a-t-on essayé de me faire croire...

J'ai commencé à enseigner la philosophie au lycée Averroès en septembre 2014. Bien qu'on m'ait prévenu que cet établissement était lié à l'Union des Organisations Islamiques de France (UOIF), réputée proche de l'idéologie de Frères Musulmans, j'ai tout de même voulu tenter cette expérience en espérant pouvoir travailler dans l'esprit du grand philosophe Averroès, et donc contribuer, à ma mesure, au développement sur notre territoire national d'un islam éclairé par la raison, comme le philosophe andalou du XIIe siècle a tenté de le faire lui-même de son vivant. Mais en cinq mois de travail dans ce lycée, mon inquiétude et ma perplexité n'ont fait que s'accroître jusqu'à l'épilogue que fut cette réaction incroyable à un texte dont le tort principal aux yeux de mes détracteurs était sans doute d'être intitulé : «Aujourd'hui, le Prophète est aussi Charlie»...

Pour vous donner une première idée de l'illusion qui fait office d'image positive dans la vitrine publique de ce lycée, je vais vous relater ma première mauvaise surprise : la direction m'a confié des élèves de seconde pour deux heures hebdomadaires d'enseignement d'exploration en «Littérature et Société», alors en tant que professeur de philosophie, j'ai décidé de travailler avec eux sur un projet que j'ai nommé «L'esprit d'Averroès» afin de leur faire découvrir celui qui a donné son nom à leur lycée. Mais quelle n'a pas été ma surprise de constater que sur les rayons du CDI de cet établissement, il n'y avait ni livres du philosophe andalou, ni livres sur lui ! En revanche, j'y ai trouvé des ouvrages des frères Ramadan, très prisés dans ce lycée… J'ai dû alors me rabattre sur des bibliothèques municipales de Lille pour pouvoir commencer mon travail.

Pendant mes cours de philosophie avec mes quatre classes de terminale, les désillusions ont continué. Tout d'abord, le thème récurrent et obsessionnel des Juifs… En plus de vingt années de carrière en milieu scolaire, je n'ai jamais entendu autant de propos antisémites de la bouche d'élèves dans un lycée ! Une élève de terminale Lettres osa me soutenir un jour que «la race juive est une race maudite par Allah ! Beaucoup de savants de l'islam le disent !» Après un moment de totale sidération face à tant de bêtise, j'ai rétorqué à l'adresse de cette élève et de toute sa classe que le Prophète de l'islam lui-même n'était ni raciste, ni antisémite, et que de nombreux textes de la tradition islamique le prouvaient clairement.

Dans une classe de terminale ES, un élève au profil de leader, m'a soutenu un jour en arborant un large sourire de connivence avec un certain nombre de ses camarades, que les Juifs dominent tous les médias français et que la cabale contre l'islam en France est orchestrée par ce lobby juif très puissant. Et j'ai eu beau essayer de démonter rationnellement cette théorie du complot sulfureuse, rien n'y a fait, c'était entendu : les Juifs sont les ennemis des musulmans, un point c'est tout ! Cet antisémitisme quasi «culturel» de nombre d'élèves du lycée Averroès s'est même manifesté un jour que je commençais un cours sur le philosophe Spinoza : l'un d'entre eux m'a carrément demandé pourquoi j'avais précisé dans mon introduction que ce philosophe était juif ! En sous-entendant, vous l'aurez compris, que le signifiant «juif» lui-même lui posait problème !

Autre cause de grosses tensions avec mes élèves : ma prétendue non-orthodoxie islamique ! Car évidemment, en tant que professeur de philosophie de culture islamique travaillant dans un lycée musulman, il m'arrivait régulièrement d'établir des passerelles entre mon cours et certains passages du Coran ou de la Sunna (un ensemble d'histoires relatant des propos et des actes du Prophète). Mais j'ai été agressé verbalement par des élèves qui considéraient que je n'avais aucune légitimité pour leur parler de la religion islamique, et de surcroît dans un cours de philosophie ! J'avais beau leur dire que c'était précisément la grande idée du philosophe Averroès que de considérer qu'il ne pouvait y avoir de contradiction entre la vérité philosophique et la vérité coranique, rien n'y faisait.

Et puis il y avait les thèmes et les mots tabous... La théorie darwinienne de l'évolution ? Le Coran ne dit pas cela, donc cette théorie est fausse ! J'avais beau me référer au livre de l'astrophysicien Nidhal Guessoum, *Réconcilier l'islam et la science moderne* dont le sous-titre est justement *l'Esprit d'Averroès* ! *[Aux Presses de la Renaissance, ndlr]*, qui affirme avec de très solides arguments scientifiques et théologiques que la théorie de l'évolution est non seulement compatible avec le Coran, mais que plusieurs versets coraniques vont dans son sens, rien n'y faisait non plus.
Le mot «sexe» lui-même pouvait être tabou. Un jour, une élève (voilée) qui s'était proposée pour lire un texte de Freud, refusa de prononcer le mot «sexe» à chacune de ses occurrences dans l'extrait concerné, et c'est la même élève qui refusa lors d'un autre cours de s'asseoir à côté d'un garçon alors qu'il n'y avait pas d'autre place possible pour elle dans la salle où nous nous trouvions ! J'ai dû alors lui rappeler fermement que la mixité dans l'enseignement français était un principe intangible et non négociable. Enfin, combien d'élèves du lycée n'ai-je pas entendu encenser, défendre, soutenir Dieudonné ! Avec toujours cette même rengaine, comme répétée par des perroquets bien dressés : pourquoi permet-on à *Charlie Hebdo* d'insulter notre Prophète alors qu'on interdit à Dieudonné de faire de l'humour sur les Juifs ?

Je peux vous parler aussi de la salle des professeurs du lycée Averroès, où des collègues musulmans pratiquants font leurs ablutions dans les toilettes communes, donc en lavant leurs pieds dans les lavabos communs, et où la prière peut être pratiquée à côté de la machine à café... Quid des collègues non musulmans (il y en a quelques-uns) qui aimeraient peut-être disposer d'un espace neutre, d'un espace non religieux, le temps de leur pause ?

En réalité, le lycée Averroès est un territoire «musulman» sous contrat avec L'Etat... D'ailleurs, certains collègues musulmans masculins se sont permis de faire des remarques sur des tenues vestimentaires de collègues féminines non musulmanes, sous prétexte qu'elles n'étaient pas conformes à l'éthique du lycée ! Et l'une de ces collègues féminines non musulmane m'a dit un jour également qu'elle ne se sentait pas «légitime» (sic) dans le regard de ses élèves, parce qu'elle n'était pas musulmane précisément...

Je ne pouvais donc plus cautionner ce qui se passe réellement dans les murs de ce lycée, hors caméras des médias et derrière la vitrine officielle, même si je sais pertinemment que les adultes y travaillant et les élèves ne sont pas tous antisémites et sectaires.

Mais, j'ai fini par comprendre au bout de cinq mois éprouvants dans cet établissement musulman sous contrat avec l'Etat français (mon véritable employeur en tant que professeur certifié), que les responsables de ce lycée jouent un double jeu avec notre République laïque : d'un côté montrer patte blanche dans les médias pour bénéficier d'une bonne image dans l'opinion publique et ainsi continuer à profiter des gros avantages de son contrat avec l'Etat, et d'un autre côté, diffuser de manière sournoise et pernicieuse une conception de l'islam qui n'est autre que l'islamisme, c'est-à-dire, un mélange malsain et dangereux de religion et de politique.

Enfin, *last but not least,* il y a ce propos entendu de la bouche même d'un responsable du lycée, lors d'un discours prononcé à l'occasion d'une remise des diplômes à l'américaine aux bacheliers du lycée de la session 2014, en présence de deux «mécènes» du Qatar : «*Un jour, il y aura aussi des filles voilées dans les écoles publiques françaises !*» Un programme politique ?"

Soufiane Zitouni plaide ainsi pour une prise de parole des musulmans contre l'islamisme. "*Je dis aux musulmans 'réveillez-vous, cessez de faire le dos rond, prenez la parole. Dites que cet islam-là n'est pas votre islam'. Beaucoup de musulmans ont du mal* à être des sujets libres, à dire 'je', 'je' ne suis pas d'accord, 'je' pense que. C'est l'instinct grégaire, l'instinct de troupeau", regrette-t-il.

"Des imams viennent faire leur prêche au lycée avec une écharpe aux couleurs de la Palestine. Est-ce que c'est l'islam des Frères musulmans qu'on veut voir s'établir en France ? Ce n'est pas cet islam-là, l'islam des femmes voilées, l'islamisme, ce mélange malsain d'islam et de politique".

Soufiane Zitouni a par ailleurs jugé que cette affirmation de Manuel Valls sur le salafisme était "insuffisante". "Il ne s'agit pas que des salafistes, mais aussi des Frères musulmans. L'islam des Frères musulmans se diffuse partout en France, et maintenant par le biais d'établissements musulmans. Ce qu'il faut combattre, c'est une conception politique de l'islam. Le voile est un étendard de l'islamisme. Il faut arrêter d'essayer de nous faire croire que c'est la liberté de culte. On est d'une naïveté incroyable", dénonce-t-il. "A force d'être dans cette crainte de stigmatisation de l'islam, on finit par ne plus vouloir critiquer quoi que..."

"J'ai pris conscience qu'il y avait un double langage au lycée Averroès". Soufiane Zitouni a expliqué pourquoi il a choisi de démissionner du lycée privé musulman sous contrat de Lille.

« Ce lycée n'est que l'arbre qui cache la forêt : derrière, il y a les Frères musulmans. Le but de l'UOIF est d'avoir le leadership de l'enseignement musulman en France », accuse-t-il. A ses côtés, l'ingénieur Mohamed Louizi assure avoir de nombreux documents embarrassants qui concernent des membres de l'UOIF. « On va tout mettre sur la table : les déclarations concernant les juifs, le financement du lycée, l'idéologie des Frères musulmans qui doit être mise dans la tête des enfants dès 5 ans, annonce Mohamed Louizi. Je vais tout mettre entre les mains de la justice. »

De son côté, Rachid Hamoudi, directeur de la mosquée de Lille-Sud, seul représentant du lycée présent ce vendredi au tribunal, explique : « Nous avons été insultés et injuriés. Les parents, les familles, les élèves ont été insultés par un professeur. La justice est rendue. Le lycée continue d'instruire les citoyens de demain. » Il assure que cette affaire n'a pas déstabilisé le lycée Averroès. « On [en] a tiré des enseignements, on a réfléchi à comment mieux gérer les choses, mais ça n'a pas laissé de traces, d'autant que les résultats du bac ont été excellents. Et aujourd'hui, le lycée Averroès, c'est sept cent cinquante élèves. »

A la suite de l'affaire, le rectorat avait rédigé en février un rapport d'inspection, dans lequel il estimait que le lycée respectait « globalement » les termes de son contrat avec l'Etat. Il y notait toutefois une confusion entre l'enseignement d'éthique musulmane et la philosophie.

Les ONG

En Europe, dans les années 50, les premières apparitions des Frères font irruption, après de premiers échecs sanglants en Egypte, où une véritable chasse à l'homme est entreprise par Nasser, et dans la région. Bastion d'islamisation en devenir, chaque fief européen a pour dessein de s'implanter et de se développer. Or l'implantation de l'idéologie des Frères sur le continent européen est le fruit, d'un homme, Saïd Ramadan.

En pleine guerre froide, Ramadan obtient du prince saoudien Fayçal la promesse d'un soutien financier, sans être inquiété, tout ennemi du socialisme étant bien accueilli par certains gouvernements. Lentement, les Frères se constituent en association, parfois en confrontation avec d'autres factions musulmanes qui se revendiquent du même acabit, comme les wahhabites.

Le Centre Islamique de Genève

Ramadan crée en 1961 le Centre islamique de Genève, et s'implante en même temps à Munich sous couvert d'un autre nom, qui donnera plus tard naissance au Islamische Gemeinschaft in Deutschland. Ces deux villes européennes seront les premières bases des Frères sur le continent. A Londres, la mission se montre plus tenace, la capitale britannique étant aux prises des musulmans pakistanais partisans de Maududi.

Sous l'impulsion de Saïd Ramadan, les Frères participent à la création de la Ligue islamique mondiale, financée en partie par les Saoudiens. Ces derniers rivaliseront en Europe avec les Frères, parfois rivaux, d'autres fois partenaires, en établissant leurs mosquées et centres, alimentés par des fonds de la Ligue mondiale.

Mais dès 1973, les Frères resurgissent sur le continent, notamment lors de la fondation du Conseil islamique d'Europe, puis dans les années 1980, avec la fondation de l'Union des organisations islamiques en Europe (UOIE), et l'Union des organisations islamiques de France (UOIF) en 1983, dont les membres émanent de l'UOIE.

N'officialisant jamais leur filiation aux Frères musulmans, ces deux organisations partagent la vision panislamique des Frères, et suivent les préceptes du fondateur de la Confrérie, Hassan Al-Banna, mais aussi de l'idéologue Fayyed Qotb, Maududi, et les fatwas émises par Youssef al-Qardawi.

Le Comité de Secours aux Palestiniens

Il a vu le jour en 1990 pour oeuvrer en Palestine et dont les bureaux sont situés à Paris, Lille, Lyon, Marseille, Mulhouse ainsi que Nantes. Leur but est de se consacrer à «atténuer la pauvreté des Palestiniens les plus démunis grâce à des opérations d'assistance d'urgence, des actions permanentes et des programmes de développement économique et social durable ».

C'est en soutenant la population palestinienne que le CBSP œuvre de façon constante à travers de divers projets tels que: Un toit digne pour tous, L'eau c'est la vie et Plantons des Oliviers. Avec le projet «Un toit digne pour tous», le CBSP a pour objectif de sauver des familles de la précarité en percevant dans l'idéal 1 000 000 €.

Effectivement, le Comité s'est vu accusé de différentes liaisons avec des entités terroristes. Plus particulièrement, le CBSP fait partie de la Coalition pour la charité de Youssef Oaradhawi qui a pour but de soutenir les familles de martyres. Ensuite, le Comité fait partie des organisations terroristes aux Etats-Unis et au Canada depuis 2003 du fait que son président, Mahmood Zouheir a aussi servi en tant que directeur de l'IESH, avec Abdallah Ben Mansour, affilié aux Frères musulmans.

Puis, Mouloud Bouzidi, directeur du CBSP, a, il y a quelque temps, publié sur sa page Facebook un discours prononcé par Hassan al-Banna, fondateur des Frères musulmans.

Cependant, l'organisation ne figure pas sur la liste noire de la France, ainsi le CBSP peut fonctionner librement. Enfin, le Crédit Lyonnais a fait savoir qu'il n'avait plus de compte du CBSP depuis 2003, par peur semble-t-il d'être perçu comme complice d'un versement récurrent de sommes assez importantes à des organisations terroristes, si les accusations se confirmaient.

La FNEM

La Fédération Nationale de l'Enseignement Privé Musulman, a été créée officiellement le 22 mars 2014 à Bagnolet par une dizaine d'établissements, pour être « la première instance représentative de l'enseignement privé musulman en France ». L'organisme a vu le jour grâce à des membres de l'UOIF, l'Union des Organisations Islamiques de France, Makhlouf Mamèche et Mohsen Ngazou.

« La FNEM s'est donné pour objectifs d'œuvrer pour la promotion, la structuration et le développement des écoles et des établissements scolaires musulmans en France » peut-on lire plus loin sur le site internet de l'organisation.

La fédération a annoncé officiellement que 5% de son budget

provient de dons du Qatar. Toutefois, certaines sources affirment que plus de 90% des fonds de la FNEM sont financés par des mécènes du Golfe (officiellement, 250.000 euros ont été versés par la Banque de développement d'Arabie saoudite et 800.000 euros du Qatar depuis sa création). Riyad ne cesse d'injecter des fonds dans ces projets, pour alimenter la force associative musulmane dans l'hexagone.

La loi sur le port du voile en 2004 a été à la fois un moteur et un tremplin au bourgeonnement de ces projets. Selon les déclarations officielles de l'organisation elle-même, les frais de scolarité payés par les élèves et le soutien du gouvernement français couvrent à peine les salaires des enseignants et sans des contributions qataries (envoyées par l'émir du Qatar) l'organisation ne pourrait pas survivre. Mamèche et Ngazou font d'ailleurs de nombreux allers-retours dans le Golfe pour entretenir de bons rapports avec leurs créanciers. Nabil Ennasri, une des têtes pensantes de l'UOIF et des Frères musulmans, est également un soutien à la FNEM, de par ses connexions capitales avec l'émir du Qatar.

De hauts représentants de ce pays auraient d'ailleurs assisté à la cérémonie de remise des diplômes du lycée Averroès en juin 2014, pour soutenir l'établissement qui a obtenu des résultats d'excellence au baccalauréat. Au cours de cette cérémonie, un responsable du Qatar a déclaré pendant le discours de félicitation : "les femmes seront vêtues de voiles, même dans les écoles publiques dans toute la France".

Il a également été constaté que l'école secondaire a été financée par des dons de la mosquée avoisinante pour un montant de plus de 3 millions d'euros. De surcroît, trois des quatre écoles représentées par la FNEM sont sous contrat d'association avec l'Etat, permettant de couvrir les salaires des enseignants.

Son programme

Conseillère et coordinatrice des établissements d'enseignement privé musulman en France, la FNEM entend enrôler dans ses rangs toutes les écoles et projets en cours, en leur proposant des partenariats.

Les collèges-lycées sous contrat avec l'Etat, comme le lycée Averroès à Lille, le lycée Al-Kindi de Lyon et le lycée Ibn Khaldoun de Marseille, doivent inclure les programmes de l'Education nationale dans les matières lambda (mathématiques, Français, etc.), mais ont les mains libres quant au choix des spécialisations qui se rattachent à l'islam (cours d'arabe, pensée islamique...). Ces cours optionnels ne font pas l'objet d'une inspection académique comme les autres classes.

La FNEM a également un droit de regard sur les cours subsidiaires dispensés d'arabe et d'islamologie.

De surcroît, la FNEM propose aux établissements musulmans une formation professionnelle continue de tous les personnels, enseignants et non enseignants, de leur établissement. Les établissements pionniers de la FNEM sont : L'école la Plume de Grenoble crée en 2001 ; le Lycée Collège Averroès de Lille crée en 2003 ; le Groupe scolaire Al-Kindi de Lyon crée en 2007 ; le Collège Lycée Education et savoir de Vitry sur Seine crée en 2008 ; le Collège Lycée Ibn Khaldoun de Marseille crée en 2009.

Selon les fondateurs de l'organisation:«*chacun des établissements à l'origine de la FNEM a pu mesurer son isolement dans son fonctionnement administratif ou pédagogique, sa solitude dans sa relation aux pouvoirs publics quand cela n'a pas été de l'indifférence voire de l'hostilité. Chacun a donc compris combien il devenait vital pour les établissements musulmans de se regrouper pour s'entraider, de se rassembler pour peser, de se structurer pour compter et se compter*». Le projet global de la FNEM entend palier des déficiences de la République française au regard des musulmans de France.

Le président, élu à plus de 70%, est Makhlouf Mamèche. Avec un DEA en sciences politiques, il est le directeur adjoint du lycée-collège Averroès de Lilles, vice-président de l'UOIF (Union des Organisations Islamiques de France), chargé de l'enseignement privé et membre du CFCM (conseil français du culte musulman).

Mamèche construit de solides ponts entre l'UOIF qui parraine la fédération à but pédagogique, en témoigne la venue du président de l'UOIF, Amar Lasfar, au premier rassemblement de la FNEM en mai 2015.

Les établissements d'enseignement privés musulmans garantissent la liberté de conscience et de culte, dont le port du voile pour les femmes, ainsi que d'autres insignes religieux interdits par la loi sur le port de symboles religieux dans l'espace public de 2004.

Les cours d'éthique musulmane sont au cœur du projet de ces établissements qui se nourrissent également de toutes les activités éducatives et culturelles liées à l'Islam.

Quelques mois à peine après la fondation de la fédération, un séminaire de formation a été organisé par la FNEM et a eu lieu à l'IESH (Institut des Science humaines), sur le sujet « créer un établissement scolaire musulman ».

Sur internet, les critiques fusent à l'encontre de la FNEM, portant principalement sur l'aspect opaque de ses revenus. L'influence des pays du Golfe sur l'enseignement musulman français est mise en cause.

Cinq établissements musulmans ont refusé d'adhérer à la fédération, évoquant des contenus trop radicaux parfois, pas assez islamiques et coraniques selon d'autres.

Un autre personnage controversé a accompagné le projet de la FNEM depuis sa création, Hassan Iquioussen, appelé « prédicateur de banlieue » est connu pour ses propos antisémites et anti-occidentaux. Il fut enseignant de culture islamique au lycée Averroès jusqu'à 2011 avant d'en être congédié en raison d'un tollé public. Après les attentats de Charlie Hebdo et de l'hypercasher de Porte de Vincennes, Iquioussen a justifié les attaques qui, selon lui, étaient « réfléchies ».

Un autre scandale a éclaboussé la fédération lorsqu'en janvier, le professeur du lycée Averroès Soufiane Zitouni a dénoncé les débordements radicaux de ses employeurs, accusant les enseignants, le personnel pédagogique et la FNEM d'inciter à la haine.

L'Institut Européen des Sciences Humaines

Il est un établissement d'enseignement supérieur privé pour les musulmans âgés de plus de 18 ans spécialisé dans l'enseignement de la théologie musulmane et la langue arabe dans le but de former des imams qui maitrisent les sciences humaines ainsi que les sciences islamiques. Cet institut parrainé par l'UOIF veut offrir aux jeunes étudiants le partage des valeurs des Frères Musulmans.

Actuellement, il existe deux établissements en France. Le premier « IESH Château-Chinon », est basé dans la commune voisine de Saint-Léger-de-Fougeret, à Nièvre. Ce pensionnat qui accueille les étudiants de toute l'Europe compte environ 300 étudiants. Le second, « IESH Paris », situé à Saint-Denis (93200) accueille quant à lui des étudiants de Paris ainsi que des villes avoisinantes. Ce dernier compte près de 2000 étudiants où sont dispensés des cours et des formations répartis le soir, le week-end.

Se voulant le plus complet possible, l'Institut Européen des Sciences Humaines organise chaque année des cycles de conférences à sujets variés tels que la littérature française et la sociologie appelés le « vendredi de l'IESH » ouvertes au public. L'institut s'est aussi développé en Angleterre avec deux établissements dont l'un s'appelle « IESH Wales » et l'autre « IESH Birmingham ».

De plus, des séminaires sont souvent organisés dans des domaines plus étendus afin que la formation des imams soit la plus riche possible. Ainsi, les enseignants dispensent des cours sur la connaissance de l'islam et les circonstances de la société ainsi que l'attitude à adopter face à cette réalité.

Des langues de spécialisation sont adoptées et peuvent être choisies entre l'arabe et/ou une autre langue européenne. Outre une bonne connaissance du Coran, devenir imam semble impliquer un amour des choses simples et une bonne dose de flexibilité. En effet, la concurrence pour l'imamat est internationale, et le salaire des heureux élus, rapporté au nombre d'années d'études, est souvent mince.

Château-Chinon, petit village du Morvan. Château-Chinon, commune chargée d'histoire depuis l'époque gauloise jusqu'à l'élection à la présidence de la République de celui qui fut son maire. Château-Chinon, qui accueille depuis quelques années l'Institut européen des sciences humaines (IESH), a aussi des locaux en région parisienne.

Aucune formation n'a été unanimement désignée par les autorités religieuses, qu'elles soient chiites ou sunnites, pour un métier qui n'est pas considéré comme tel par tout le monde. La formation des imams en France peut amener sur un terrain où les rapports de forces politiques, les obsessions collectives et la géopolitique brouillent les cartes. En effet, le philosophe et l'anthropologue Malek Chebel estime que « la formation des imams est un sujet capital, car ils sont au contact de la population ».

Pour une certaine partie des citoyens de confession musulmane, en particulier la génération des « primo-arrivants » ou des « darons » comme les appelle Gilles Kepel dans « Quatre-vingt treize » (éd. Gallimard, février 2012), être imam reste une fonction attribuée par la communauté de fidèles à l'un d'entre eux. Souvent celui qui connaît – comparativement – le mieux le coran. Ce n'est pas un métier à proprement parler. « Soit on connaît quelqu'un qui est formé, soit c'est celui qui s'y connaît le mieux qui s'en charge », affirme sans détour l'un des quatre imams bénévoles de la mosquée du Mirail, à Toulouse.

Il révoque l'idée que l'islam implique du « professionnalisme » et préfère le terme de « mission ». « Les imams sont des bénévoles dans la tradition musulmane », abonde Bernard Godard, du Bureau central des cultes du ministère de l'Intérieur.

En revanche, il existe de plus en plus d'imams qui prennent statut d'entrepreneur notamment ceux de la nouvelle génération, qui n'hésitent pas à cumuler les activités pour vivre correctement. C'est le cas pour Samit T., ancien étudiant à l'Institut européen des sciences humaines (IESH) de Saint-Denis. En effet, il gère une société de transport en plus d'effectuer des remplacements dans la mosquée de la ville où il a grandi.

DGSE

Afganistan

La DGSE française a jadis soutenu le commandant Massoud, assassiné le 9 septembre 2001 dans une opération-suicide qui apparaît désormais comme le prélude à l'attaque menée deux jours plus tard contre les Etats-Unis. Le soutien secret de la France à la résistance afghane a commencé à la fin des années 70, lorsqu'il s'agissait de lutter contre le régime prosoviétique. La DGSE a alors contribué à la formation des hommes de deux groupes de résistance, l'un dirigé par Amine Wardak, l'autre par Massoud. Plusieurs dizaines de leurs cadres militaires sont venus se former secrètement en France, notamment au Centre d'instruction des réserves parachutistes de Cercottes (Loiret), la base du Service Action.

Un officier qui fut leur instructeur durant des années se souvient de ces hommes: «*C'étaient des bons. Disciplinés et touchant dans leur amitié pour la France. Formés au lycée français de Kaboul, plusieurs de leurs officiers parlaient bien notre langue.*» En France, les hommes du Service Action forment ces combattants au maniement des armes antichars, des appareils modernes de communication, mais les aident également à organiser leurs mouvements. L' officier poursuit : «*Certains d'entre eux voulaient fuir leur pays. Nous les avons incités à y demeurer, mais surtout à maintenir la population sur place. Ils n'auraient pas pu, sans elle, poursuivre leur combat. Nous les avons, par exemple, aidés à* mettre en place une infrastructure, à construire des hôpitaux souterrains pour résister aux bombardements. »

La DGSE dispose alors au Pakistan, à Peshawar, d'une base opérationnelle qui reçoit notamment les armements livrés à la résistance par la France. Des avions apportent essentiellement des mortiers, des missiles Milan antichars, des moyens de communication. Une demi-douzaine d'agents de la DGSE sont présents en permanence auprès de Massoud pour assurer les liaisons, les communications, la formation. Et réceptionner les armements arrivant de Peshawar par les pistes, les Pakistanais fermant les yeux.

Les Français participent également aux combats contre les Russes, mais pas en première ligne : «Nous ne pouvions courir le risque que l'un de nous soit pris», confie un homme ayant participé à ces actions. Qui ajoute : «*On a vu dans ces combats que les Russes étaient nuls à un point inimaginable. Ils tendaient des embuscades que nous repérions aussitôt, dans des gorges que nous franchissions dès qu'ils étaient partis!*».

Les Américains et les Saoudiens soutiennent pour leur part le fondamentaliste Gulbuddin Hekmatyar, avec les conséquences que l'on sait. L'aide française à Massoud cesse au moment de la chute du régime prosoviétique. Chez les cadres de la DGSE qui sont allés sur le terrain, c'est la stupéfaction. L'un d'entre eux laisse échapper sa colère : «*Scandaleux ! On l'a laissé tomber, alors qu'il nous avait aidés, qu'il aurait pu, avec notre aide, faire un mal terrible aux taliban.*

Ainsi, les jeunes gens engagés dans les premières organisations humanitaires qui opèrent en territoire afghan ne sont pas de belles âmes apolitiques mais au contraire des militants engagés dans la lutte contre l'impérialisme soviétique. Ils n'ont pas pris les armes, mais ils aident concrètement les moudjahiddines au péril de leur vie. Pendant vingt ans, l'humble action des *French doctors* vaudra à la France un immense prestige car c'étaient les seuls étrangers qui affrontaient la prison et la mort de manière totalement désintéressée.

En Afghanistan, l'action de la DGSE n'a pas toujours été cohérente, mais au temps de la guerre contre les Soviétiques les missions d'appui aux moudjahiddines ont été efficacement menées et contribueront à renforcer l'amitié des combattants pour notre pays Le portrait d'Ahmad Shah Massoud est quant à lui remarquablement précis et nuancé. Tous ceux qui ont rencontré le célèbre commandant pandjhiri ont été saisis par son charisme et admiraient ses qualités de chef de guerre. Mais ce fondamentaliste croyait que l'islam assurerait le salut de son pays après la défaite de l'Armée soviétique: sans projet politique, il s'opposa longtemps au retour du roi Zaher Shah. Dans la guerre civile qui s'est conclue par la victoire des Talibans, la responsabilité du Lion du Panjshir est certaine.

Le Service Action, en liaison avec le Jamiat, l'une des trois composantes de la résistance afghane, met en place un réseau de renseignement, d'action et de propagande pouvant pénétrer les républiques musulmanes d'URSS et former des commandants d'unité. Il soutient l'action du groupe placé sous l'autorité du Pr Rabbani. Le Service Action entraîne les principaux adjoints d'Amin Wardak.

Non seulement les Français ont fourni armes, équipements, argent, entraînement aux Afghans, mais des agents de la DGSE ont en outre pénétré à partir de l'Afghanistan dans les Républiques musulmanes d'URSS pour y recueillir du renseignement militaire ou mener des opérations de déstabilisation.

Des centaines de Français s'engagèrent clandestinement au côté des Afghans, entre 1979 et 2001 notamment dans la lutte contre les Soviétiques. Les humanitaires et différentes individualités, à l'oeuvre dès les premières semaines ayant suivi l'invasion soviétique de 1979. La DGSE n'a développé ses activités que très progressivement, à partir de l'ouverture de son poste à Islamabad (Pakistan) à la fin 1980. La France a été représentée à Kaboul sous tous les régimes, grâce au dévouement et au courage de ses chargés d'affaires.

Les chiffres sur la période 1979-2001 sont de plusieurs centaines d'humanitaires – *MSF, Médecins du monde, Solidarités, Afrane, Avicen* – pour une cinquantaine d'officiers de la DGSE et une dizaine de diplomates. Il y eut ceux qui, ayant connu l'Afghanistan avant l'avènement des communistes, ne pouvaient souffrir de le laisser tomber: ce fut majoritairement le cas d'anciens coopérants et de diplomates passés par le pays dans les années 1970. Il y eut ensuite les médecins, les infirmières, les chirurgiens: tentés par l'expérience humanitaire après le Biafra et le Cambodge, ils se portèrent volontaires. On vit aussi partir des jeunes, par esprit d'aventure, par empathie avec un peuple opprimé, par anticommunisme.

Valéry Giscard d'Estaing fut le seul à déclarer, publiquement, que la France ne soutiendrait pas ce qu'il appelait alors, non pas la "résistance", mais la "rébellion" afghane. L'arrivée de François Mitterrand apporta beaucoup d'espoirs d'autant qu'il avait promis une politique de fermeté vis-à-vis de l'URSS. L'activité sur place de la DGSE ne prit son véritable essor que dans les années 1990 mais elle le dut plus à la ténacité de ses officiers en charge du dossier qu'à des instructions politiques. De 1989, départ des Soviétiques, à 2001, l'Afghanistan resta dans l'indifférence.

Les ONG ont bénéficié de maigres subsides publics. L'essentiel de leurs finances est venu de Washington quand le Congrès américain décida, au milieu des années 1980, de débloquer une aide massive aux moudjahidin, dont la livraison de missiles sol-air Stinger est le volet le plus connu. Les humanitaires français reçurent en tout plusieurs millions de dollars pour la bonne raison que pratiquement personne d'autre qu'eux n'osait pénétrer en territoire afghan. Du côté de la DGSE, les opérations ayant été mineures dans les années 1980 – formation des moudjahidin essentiellement – leur budget ne fut pas excessif. Les montages opérés dans les années 1990 ont été plus ambitieux, mais sans flamber car, une fois encore, l'Afghanistan n'était pas perçu comme une priorité.

Ce qui intéressait les services n'était pas en soi l'Afghanistan, mais ce qu'y faisaient les Soviétiques. Dès lors, ils se devaient de disposer de "capteurs" placés au mieux, pour scruter leurs forces et leurs faiblesses. Les budgets limités imposaient aussi un choix parmi les commandants à soutenir, avec pour critères leur influence locale, l'accessibilité de leur zone, mais aussi le bon vouloir des services pakistanais qui ont toujours tout régenté dans la zone, y compris avec la CIA. D'emblée, les fondamentalistes comme Hekmatyar furent écartés.

Amin Wardak fut le premier à être approché car il était pachtoun, d'une belle intelligence. Sa région était proche de la frontière et il parlait parfaitement le français. Massoud n' a été retenu que plus tard, au vu de ses nombreuses batailles remportées contre les Soviétiques, de la valeur stratégique du Panshir, mais aussi de son indéniable charisme et de sa francophilie.

le cas du plus célèbre d'entre eux, l'écrivain aventurier Patrice Franceschi – et aucun membre de la DGSE. Toutefois, les commandants afghans ne réclamaient pas des soldats, ils en avaient pléthore. Ils voulaient des armes, un soutien médical et financier, une reconnaissance internationale.

Pendant toute la période du djihad antisoviétique, les Français étant pratiquement les seuls à partager leur quotidien, les Afghans appelaient "French Doctor" tout Occidental croisant leur route. Les centaines de milliers d'Afghans ayant profité de l'aide médicale, éducative, agricole des ONG françaises leur en sont redevables. Même si Massoud se plaignait de l'insuffisance de l'aide de la France – c'est le lot de tous les chefs de guérilla – il était fier de pouvoir la revendiquer, grâce aux officiers de la DGSE qui se sont relayés à ses côtés pendant plus de dix ans.

Les services français sont évidemment présents en Afghanistan, mais la donne a changé. Autrefois, ils avaient à faire face à une guerre civile, dont ils avaient habilement approché les deux principaux acteurs, Massoud et les talibans. Ils doivent désormais composer avec une guerre d'insurrection dont les troupes françaises sont partie prenante. Une grande part du travail de renseignement est donc vraisemblablement orientée vers la région de Kapisa- Surobi.

Amin Wardak

Amin Wardak a été un commandant moudjahid de la vallée du Wardak. Il a combattu les soldats soviétiques, puis a quitté son pays en 1995, en pleine guerre civile. Il nourrit toujours un fort ressentiment contre le commandant Massoud et d'autres chefs de guerre, qui se sont déchirés et ont détruit Kaboul. Il précise juste : «*Si Massoud et les autres avaient su gouverner, les talibans ne seraient pas là.*» Aujourd'hui, il est toujours dans sa boutique. Il est retourné deux fois en Afghanistan pour la remplir. Il a salué les nouveaux officiels, mais reste à l'écart du processus de reconstruction politique.

«*Les médias ont tout simplifié, ont laissé croire que tous les maux venaient des talibans, mais l'Afghanistan d'aujourd'hui est retourné à la situation de 1992. Regardez, les tchadris sont toujours là. En six mois, deux ministres sont morts. On redonne le pouvoir à ceux qui ont détruit Kaboul. A des voleurs, à des bandits. Et, pendant ce temps, les Etats-Unis contrôlent tout. Al-Qaeda n'existe plus certes, mais ils continuent de bombarder, leurs bombes tombent sur des civils, surtout dans les régions pashtounes. Toutes ces années de guerre pour en arriver là... !*».

Bosnie

L'un des gardes du corps de Rodavan Karadzic, le dirigeant des Serbes de Bosnie au début des années 90, était un agent des services de renseignement français, a raconté le général Jean Heinrich, ancien de la DGSE et de la DRM puis commandant adjoint des forces de l'Otan (Ifor) en Bosnie, lors d'un colloque sur François Mitterrand et la Défense.

L'officier, aujourd'hui à la retraite, a reconnu qu'à l'époque où il était en activité, les criminels de guerre inculpés par le TPI de La Haye n'étaient pas vraiment recherchés par l'Otan - et donc par l'armée française. Ce n'est qu'à la fin des années 90 que la traque est devenue une priorité. «*Nous savions en permanence où était Karadzic*» a reconnu le général Jean Heinrich - ce qui, de son aveu même, n'était pas le cas pour l'autre responsable des Serbes de

Bosnie, le général Mladic.

Une note du général Rondot, datée du 17 mars 2005, est adressée au chef d'état-major particulier du président, le général Georgelin, avec copie au ministre de la défense de l'époque, Michèle Alliot-Marie. Ce document atteste formellement des liens qu'ont entretenus les services secrets de la DGSE avec les forces croates dès 1991, puis de 2000 jusqu'en 2005, avec des criminels de guerre recherchés par le TPIY.

Dans ses annotations, le général Rondot révèle en particulier comment la DGSE est restée en contact avec le général croate Ante Gotovina, inculpé et recherché par le TPIY, tout au long d'une cavale qui s'est poursuivie de 2001 à 2005.

Plus largement, le général expose comment les services de renseignements français ont suivi de près tous les dossiers concernant les criminels de guerre. Ils n'ont livré qu'au compte-gouttes des informations à la justice internationale, avec une ligne directrice : protéger leurs collaborateurs et leurs partenaires, même quand ceux-ci étaient inculpés.

Dans les carnets, les mentions concernant les inculpés du TPIY reviennent presque chaque jour. Qu'il s'agisse de Mladić, de Karadžić, arrêté à Belgrade en juillet 2008, ou encore de Goran Hadžić (ancien président de la République serbe de Krajina accusé en 2004 de crimes de guerre et crimes contre l'humanité), lui aussi toujours en cavale, les communications sont constantes entre la ministre de la défense Michèle Alliot-Marie, le président Chirac, et la direction des services.

La priorité des priorités a longtemps concerné le général croate Ante Gotovina, ancien membre de la Légion étrangère. Il n'a été arrêté que le 7 décembre 2005. Quelques mois plus tôt, le général Rondot notait : «Cesser de traiter Gotovina». Avant d'être ainsi «lâché» par la DGSE, l'homme, actuellement en jugement à La Haye pour «violations des lois et coutumes de la guerre» et crimes contre l'humanité, a joui d'une longue protection, qui s'explique par les nombreux services qu'il aurait rendus à la France.

Katiba Al Moudjahidin

Pendant la guerre de Bosnie-Herzégovine, de 1992 à 1995, des volontaires islamistes sont arrivés en Bosnie en provenance d'Arabie Saoudite sous le couvert d'organisations humanitaires. Ils venaient aussi du Soudan et d'Egypte, recrutés par le groupe terroriste Jamaah Islamiyah, une fraction des Frères musulmans. Ces moudjahidin saoudiens, qui avaient combattu en Tchétchénie, apportaient dans les rangs de l'armée bosniaque le radicalisme wahhabite. A cette époque, les services de renseignement occidentaux, préoccupés par les liens que pouvait entretenir le parti bosniaque au pouvoir, le SDA, avec l'Iran, ne voyaient pas de menace particulière dans les activités des wahhabites.

Une fois sur le sol bosniaque, les combattants arabes étaient enrôlés dans les rangs des Forces musulmanes de défense (MOS), notamment la fameuse l'unité El-Moudjahid, qui faisait partie de la septième brigade du troisième corps de l'armée de Bosnie-Herzégovine. L'encadrement de ces unités a été chapeauté par Hasan Cengic, à l'époque numéro deux au ministère de l'Intérieur de la Fédération croato-bosniaque, et par Bakir Alispahic, patron des services secrets bosniaques, limogé après le démantèlement du camp de Pogorelica [camp d'entraînement terroriste en Bosnie, organisé par les Iraniens, où auraient été formés 1 400 soldats bosniaques]. Puis, sous la pression des Etats-Unis, les autorités bosniaques ont cessé leur collaboration avec l'Arabie Saoudite et l'Iran, leur préférant un rapprochement avec la Turquie, plus modérée.

Mais, des années après la fin du conflit, les attentats terroristes du 11 septembre 2001 à New York, revendiqués par Ben Laden, ont jeté un éclairage nouveau sur le rôle trouble de ces combattants islamistes dans les rangs de l'armée bosniaque.

Cette très idéologique brigade "El Moudjahid", dont l'effroyable cruauté fit le déshonneur de l'armée bosniaque aux dires mêmes de ses officiers, n'avait rien à envier, d'autre part, à la division "Handzar": celle-là même qui, lors de la Seconde Guerre mondiale, combattit, avec la bénédiction du grand mufti de Jérusalem, aux côtés des oustachis, ces nationalistes croates que les nazis considéraient comme leurs alliés les plus indéfectibles.

"Ce n'est pas nous, c'est la Croatie qui a ouvert aux moudjahidin la porte de la Bosnie-Herzégovine", clamait en 2001 l'ancien président bosniaque Alija Izetbegovic [décédé en 2003], fondateur et chef du principal parti politique musulman, le Parti de l'action démocratique. Certes, la majorité de ces moudjahidin sont arrivés en Bosnie via la Croatie pendant la guerre. C'était pourtant bien les autorités bosniaques de l'époque qui les avaient appelés à la rescousse. Ces combattants avaient même été protégés par les autorités à la fin des hostilités, alors que les accords de Dayton, signés à Paris le 14 décembre 1995, stipulaient que les trois parties [Serbes, Croates et Musulmans] s'engageaient à assurer le départ de toutes les troupes (*ainsi que des conseillers et autres mercenaires*) dans un délai de trente jours après la mise en application du plan de paix.

Néanmoins, l'unité appelée Al-Moudjahid est restée en Bosnie centrale, et certains de ses combattants ont même obtenu la nationalité bosniaque. Ses membres se sont recyclés dans les agences humanitaires arabes ou sont devenus instructeurs dans les camps d'entraînement contrôlés par les services secrets bosniaques – et iraniens, notamment dans celui de Pogorelica, démantelé en 2001.

Après la fin de la guerre en Bosnie, d'autres moudjahidin sont allés grossir les rangs d'Al-Qaida ou se sont enrôlés dans des milices tchétchènes. D'après les services secrets bosniaques, une trentaine de combattants islamistes qui avaient opéré en Bosnie-Herzégovine ont participé à des actions terroristes à travers le monde. Une organisation humanitaire très active en Bosnie, la Third World Relief Agency serait également liée à la galaxie Al-Qaida. Son fondateur, Elfatih Hassanein, originaire du Soudan, est un ancien étudiant en médecine de Sarajevo.

Pendant la guerre, la TWRA avait son siège à Vienne et des bureaux à Zagreb, Split, Mostar, Bihac et Sarajevo. Plus de 350 millions de dollars destinés à l'armée de Bosnie-Herzégovine sont passés par le compte de cette organisation. Après enquête, les autorités bosniaques ont découvert que TWRA était aussi liée avec le cheikh Omar Abdel-Rahman, plus connu aux Etats-Unis comme le *"cheikh aveugle"* un imam radical égyptien, condamné à la perpétuité pour avoir organisé plusieurs attaques terroristes

Kosovo / UCK

Le journaliste Jean Arnault Dérens ecrit que *"Les différents services occidentaux, notamment britanniques et allemands, ont joué un rôle essentiel dans la fourniture d'armes et de renseignements aux combattants de la guérilla de l'UÇK. La mission de la DGSE française est moins souvent évoquée. Celle-ci a pourtant réussi à détenir une carte maîtresse dans l'imbroglio kosovar en «traitant» Hashim Thaçi, aujourd'hui President du Kosovo.*

Le 6 février 1999, les négociations de la dernière chance commencent au château de Rambouillet, sous l'égide du secrétaire général de l'OTAN Javier Solana et de la secrétaire d'État américaine Madeleine Albright. Officiellement, les Occidentaux cherchent à trouver un compromis entre Belgrade et les Albanais du Kosovo. L'échec de ce processus de négociation ouvrira la voie aux bombardements de l'OTAN.

Dès le début de la première rencontre de Rambouillet, l'opinion publique internationale découvre un jeune homme de 31 ans, jusqu'alors parfaitement inconnu: HashimThaçi, porte-parole de l'UÇK qui s'impose comme chef de la délégation albanaise.

Arnaud Danjean, actuel député européen (UMP), suivait la conférence pour le compte de la DGSE. Selon son témoignage, il aurait fait connaissance d'Hashim Thaçi dans les salons du château de Rambouillet, les deux hommes ayant en commun la pratique de la langue allemande. Il n'aurait reçu l'ordre «d'approcher» le porte-parole de la guérilla que lors de la seconde et dernière session de négociations, du 16 au 18 mars, quelques jours avant le début des bombardements.

Plusieurs témoignages confirment pourtant la présence d'Arnaud Danjean dès le début de la première rencontre de Rambouillet. Plusieurs sources affirment même qu'avant le début de la conférence, Arnaud Danjean aurait emmené Hashim Thaçi faire les magasins pour le doter d'une garde-robe conforme à son nouveau statut, ce qui suppose que les deux hommes se connaissaient bien avant le début de la conférence.

Ce point de chronologie peut paraître secondaire, mais Arnaud Danjean affirme que «seuls les Américains traitaient avec Hashim Thaçi», ajoutant que Michel Foucher, conseiller spécial d'Hubert Védrine, ministre des affaires étrangères de l'époque, aurait chargé la DGSE de se renseigner sur Hashim Thaçi en novembre 1998, estimant qu'il fallait établir un contact avec l'UÇK.

La DGSE, comme les autres services occidentaux, avait des contacts avec toutes les factions albanaises – les partisans d'Ibrahim Rugova comme le LPK, auquel appartenait Thaçi.

Le seul problème est qu'avant Rambouillet, le jeune Hashim Thaçi ne jouait qu'un rôle tout à fait secondaire. Le porte-parole officiel du LPK et de l'UÇK était alors Bardhyl Mahmuti, basé à Vevey, en Suisse. En réalité, l'ascension de Hashim Thaçi résulte d'un choix de communication, auquel les services occidentaux ne sont peut-être pas étrangers. La vieille garde du LPK a décidé de donner à la guérilla un visage jeune, présentant bien et dont la fidélité politique était à toute épreuve.

Ce choix a été effectué en concertation avec les conseillers occidentaux du LPK, mais il n'est pas certain que les Américains aient eu le dernier mot en la matière. Ils auraient très certainement privilégié quelqu'un parlant anglais, ce qui n'était pas le cas de Hashim Thaçi, qui ne maîtrisait que l'albanais et l'allemand, conséquence de son long séjour en Suisse alémanique.

Quelques semaines avant la conférence de Rambouillet, un avion avait atterri à l'aéroport de Tirana, la capitale de l'Albanie, manquant provoquer une catastrophe : l'avion n'avait pas déposé de plan de vol et les contrôleurs aériens ne savaient pas d'où venait l'appareil ni qui se trouvait à son bord. Il ramenait une importante délégation de cadres de l'UÇK – les sources évoquent «une trentaine» de personnes – qui venaient de recevoir une formation au centre parachutiste d'entraînement spécialisé (CPES) de Cercottes, dans le Loiret. Si les Américains ont fait le choix politique de soutenir le LPK, le travail de terrain a été laissé aux services français et européens.

En France, la que stion du soutien à l'UÇK ne faisait pourtant pas l'unanimité. Le cabinet du ministre des affaires étrangères Hubert Védrine était plutôt favorable au maintien d'une relation privilégiée avec les non-violents de la LDK de Rugova, opposant connu et historique au régime de Milosevic. Celui du ministre de la défense Alain Richard hésitait. Et, au sein même de la DGSE, deux factions s'opposaient : les partisans du soutien à l'UÇK d'un côté, les nostalgiques de l'alliance traditionnelle entre la France et la Serbie, de l'autre.

La nouvelle ligne, pro-kosovar, avait cependant le soutien de la haute hiérarchie, notamment du général Rondot, alors en charge de la coordination du renseignement au cabinet du ministre de la défense. Un ancien cadre du service reconnaît toutefois que « sur le plan opérationnel, il fallait tout cloisonner »…

L'engagement de la DGSE n'avait rien d'exceptionnel. Chaque service occidental avait alors « son » homme dans la guérilla. Pour les Britanniques, c'est le commandant Ramush Haradinaj, toujours en cours de jugement devant le TPIY de La Haye. Pour leur part, les États-Unis jouaient un rôle opérationnel relativement discret.

Arnaud Danjean insiste aujourd'hui sur le fait qu'il a agi «en fonctionnaire», « sur ordre» de sa hiérarchie et des responsables politiques – concrètement, sous la responsabilité ultime du ministre de la défense, qui était alors le socialiste Alain Richard. Cependant, l'agent de la DGSE a largement bâti sa carrière sur cette «prise» de premier choix. Hashim Thaçi est devenu l'interlocuteur privilégié de la DGSE.

Pourquoi les États-Unis et leurs alliés ont-ils fait ce choix surprenant de soutenir l'UÇK, pourtant considérée jusqu'au début de l'été 1998 par la CIA comme un groupe lié au trafic de drogue? Et pourquoi soutenir plus précisément le «noyau dur» de la guérilla, c'est-à-dire les cadres issus du LPK? Le revirement des États-Unis a été spectaculairement illustré par la visite de Richard Holbrooke, l'émissaire spécial du président Clinton, aux chefs de la guérilla, le 24 juin 1998, dans le village de Junik, après avoir pénétré clandestinement au Kosovo, alors sous contrôle de la Serbie.

Les autorités d'Albanie ont aussi reçu la consigne de soutenir ce choix des Occidentaux. Le Parti socialiste albanais, héritier de l'ancien parti unique, est revenu au pouvoir à la faveur des émeutes et de la guerre civile de 1997. Le PS albanais, les nouveaux cadres de la police et des services secrets avaient naturellement des connexions importantes avec le noyau suisse du LPK, lui aussi issu de la mouvance «envériste».

Arnaud Danjean

Né en février 1971 à Louhans, diplômé de sciences politiques (en communication), Danjean entre à 24 ans à la DGSE et devient très vite un spécialiste des Balkans. Région qu'il ne quittera quasiment plus, de près - à Sarajevo, Pristina, Belgrade - ou de loin - à Paris ou Genève. Il fut notamment chef de poste à Sarajevo en pleine négociation des accords de Dayton puis chargé à l'ambassade de France de Bosnie-Herzégovine de pister les récents criminels de guerre (jusqu'à 1998).

A Paris il travaille ensuite à la cellule Balkans de DGSE. Il participe aux discussions de Rambouillet sur l'avenir du Kosovo et devient conseiller auprès de Bernard Kouchner au Kosovo (à partir de juin 1999). Il revient à Paris comme conseiller Europe et Russie du directeur de la DGSE (2000-2002), puis à Genève, à la représentation permanente de la France auprès des Nations-Unies (2002-2004) où il s'occupe des relations avec les organisations humanitaires et internationales (CICR...).

Il revient, au Kosovo, détaché auprès de l'Union européenne, comme conseiller de Fernando Gentilini, le représentant personnel de Javier Solana (Haut représentant de l'UE pour la politique étrangère) dans la région. Tous deux auront un accident de voiture, près de Mitrovica, plutôt grave. Gentilini doit être évacué. Revenu à Paris en 2005, Danjean passe au cabinet de Michel Barnier puis de Philippe Douste-Blazy comme chargé des Balkans et de l'Afghanistan. Il participe aux travaux du groupe de contact Kosovo jusqu'en 2007, jusqu'à l'indépendance.

Danjean s'est illustré sur deux terrains. La Bosnie et le Kosovo. Et toute son activité oscille entre l'ombre et la lumière. Dans l'ancienne province serbe devenue indépendante, où il a fait de fréquents voyages (63 a-t-il décompté, d'une durée très variable entre 24 heures et 6 mois) il a ainsi été très proche de nombre d'intellectuels kosovars et de plusieurs dirigeants de l'UCK, auquel il a pu prêter assistance.

Chez Hashim Thaci (*un des leaders de l'UCK, devenu le Premier ministre de l'indépendance*), il avait ainsi "porte ouverte". Mais, illustration de son talent et de son sens politique, il réussit à conserver une certaine confiance de Belgrade, faisant au moment de l'indépendance - comme auparavant - de nombreuses allées et venues entre les deux "capitales".

Syrie

Le président français a souhaité que les Européens prennent une décision sur la fourniture d'armes aux forces d'opposition syriennes. "*Des armes sont livrées par des pays, dont la Russie, au régime de Damas. Nous devons en tirer toutes les conclusions et prendre sa décision dans les prochaines semaines*", a déclaré François Hollande. Il a précisé que "*toutes les conséquences de la levée de l'embargo*" seraient examinées par les ministres des Affaires étrangères au cours d'une réunion prévue de longue date à Dublin.

Une démarche jugée sévèrement par Alain Chouet, ancien chef de poste de la DGSE à Damas, puis cadre supérieur des services secrets. Alain Chouet a declaré au magazine Le Point "*Je suis confondu par cette affaire. On se trouverait complètement en dehors de la légalité internationale, dans une situation sans précédent.*

Pour prendre une comparaison, c'est comme si la France, en 1992, avait décidé unilatéralement d'armer le GIA (Groupe islamique armé) et le FIS (Front islamique du salut) algériens, sous prétexte qu'ils avaient gagné les élections et que les militaires avaient interrompu le processus électoral. Dans le cas de la Syrie, nous armerions des groupes non représentatifs et reconnus par personne, si ce n'est par nous ! l'ONU n'a pas reconnu l'opposition, et d'ailleurs, de quelle opposition parlons-nous ? Elle est totalement hétéroclite et divisée, les militaires ne reconnaissent pas l'autorité des politiques et, à l'intérieur de la composante militaire, les milices djihadistes ont pris le pas sur les autres."

"J'entends parler d'armes "défensives", qui ne font pour moi aucune différence avec les armes "offensives". Quant à évoquer des armes "non létales", on joue sur les mots. Et je ne sais pas à qui on va les donner... Certains responsables politiques français affirment que nos services spéciaux savent parfaitement à qui il faut les donner. Je connais la Syrie depuis 40 ans, j'ai fait partie des services spéciaux pendant 30 ans et j'affirme qu'une telle certitude est totalement présomptueuse. Ce que je constate, c'est que, sur le terrain, celle qu'on appelle l'ASL (Armée syrienne libre) est composée d'officiers et d'hommes de troupe qui ont déserté vers la Turquie et qui se trouvent pour la plupart consignés dans des camps militaires quand ils n'ont pas donné des gages d'islamisme. L'un des fondateurs de l'ASL, le colonel Riad al-Assaad, se trouve pratiquement assigné à résidence avec l'interdiction de se rendre sur le territoire syrien. Tout cela pour laisser la place aux groupes salafistes et aux djihadistes. Je repose donc la question : quelles armes allons-nous donner et à qui ?

Nous n'avons aucun mandat de l'ONU ou de qui que ce soit d'autre ni de légitimité juridique pour renverser le président Assad quels que soient ses torts. Ce n'est pas aux Français ni aux Anglais de le faire, mais aux Syriens. Depuis deux ans, la France a fourni aux opposants syriens une assistance logistique, technique, des entraînements organisés par les services spéciaux, également britanniques ou américains. Cette fois, en livrant officiellement des armes, on passe à un autre stade !

On ne peut envoyer des militaires avec drapeaux, plumes et trompettes que lorsqu'on en a le mandat dans le cadre de la légalité internationale. Mais dès lors qu'un ministre des Affaires étrangères proclame qu'il va apporter une aide militaire à des étrangers désireux de renverser leur gouvernement, même si les instances internationales s'y opposent, on entre dans une forme nouvelle et dangereuse de l'illégalité internationale.

Depuis, la situation s'est gravement dégradée. On est dans un pays dévasté, ruiné, en proie à des affrontements ethniques et confessionnels, où rien ne sera plus jamais comme avant. On est entré dans une logique de guerre civile semblable à celle qui a ensanglanté le Liban pendant 15 ans. Mais je vous le dis nettement : ce n'est pas en armant des salafistes qu'on va arriver à une solution. D'une façon hypocrite, la France a appelé à une solution négociée en disqualifiant d'emblée une des parties sommée de ne pas se présenter à la table des discussions, en l'occurrence le pouvoir en place. Que reste-t-il alors à négocier ? Depuis le début de cette affaire, on se trouve dans le flou militaire, juridique, politique ou idéologique. J'ai le plus grand mal à m'y retrouver. On est dans une ambiguïté absolue en soutenant en Syrie ceux contre lesquels on lutte ailleurs.

J'évoque ici le Mali. Même si comparaison n'est pas raison et si les islamistes qui se manifestent au Mali ne sont pas les mêmes qui se battent en Syrie, ils ont les mêmes objectifs, les mêmes inspirateurs, les mêmes idéologues et les mêmes financiers. Je trouve ça tout à fait curieux. Et en tant qu'ancien responsable d'un grand service de l'État, je suis assez perturbé par ces choix bizarres et antagonistes de nos diplomates et de nos politiques.

Nos très chers èmirs

Les journalistes Christian Chesnot et Georges Malbrunot dans leur livre *Nos très chers émirs* écrivent que «*Juste avant l'intervention militaire française de janvier 2013 au nord du Mali pour empêcher que les djihadistes ne fondent sur la capitale Bamako, trois avions*

C-130 qatariens ont retiré des hommes que Doha avait dépêchés sur place.

Un ex-membre des forces spéciales témoigne: « des équipes mixtes de la DGSE et du Commandement des opérations spéciales (COS) qui avaient été déployées au nord-Mali en prévision de l'intervention française ont reçu consigne de ralentir leur arrivée le temps que les Qatariens rembarquent leurs gars. Cela aurait fait tache qu'on se retrouve face avec des alliés. La présence des Qatariens a beaucoup irrité les militaires français et les agents de la DGSE, qui se sont demandé pourquoi on allait s'acoquiner avec des types aussi peu fiables?»

Mali

Des djihadistes, et non des locaux, qui opéraient sous couverture d'ONG *Croissant Rouge qatarien*, ou *Qatar Charity* comme Le Canard enchaîné l'avait évoqué. Il convient de rappeler que le Qatar, par la voix du Premier ministre Hamad bin Jassem et de l'influent cheikh Youssef Qaradawi, avait fortement critiqué l'opération française au Mali.

Un haut gradé témoigne à son tour: «*Au nord-Mali, nous avons installé un radar sur une piste de Tombouctou, qui permet de faire ce qu'on appelle dans notre jargon de la «déconfliction aérienne»: c'est à dire qu'avec cet équipement, nous savons maintenant qui vole dans cette région. Eh bien, depuis qu'on l'a installé au printemps 2016, dans le cadre du renforcement de nos efforts contre les djihadistes, on a découvert que des avions immatriculés au Qatar circulaient dans le ciel du nord-Mali.*» Un général cinq étoiles remarque: "*Au Mali, Ansar al-Dine reçoit des financements du Qatar et de l'Arabie.*"

Pour soutenir les révolutionnaires libyens, le Qatar favorisa des relais islamistes, auxquels l'essentiel des armes livrées par les Occidentaux est allé: «*A l'époque, se souvient un militaire, le Centre de planification et de conduite des opérations (CPCO) avait reçu instruction d'acheminer un certain nombre de matériels militaires, d'abord à Istres puis à Toulon. Des C17 Qatariens sont* arrivés et ont chargé le matériel. Puis un remorqueur sans pavillon est arrivé à Toulon, sur lequel on a chargé le matériel militaire. Tout cela c'était au profit du Qatar, qui a tout livré à se miliciens de Misrata et de Benghazi. »

Sur le terrain aussi, des frictions ont été évitées de justesse entre alliés, comme se souvient un militaire français de l'état-major : « *Nos commandos ont été à deux doigts d'affronter les forces spéciales qatariennes en Lybie. J'ai lu le compte rendu du détachement du Commandement des opérations spéciales (COS) : les qatariens n'étaient pas dans le même camp que nous quand ils livraient des armes aux islamistes*« .

«*Quand on a fait l'opération en Libye,* se souvient un cadre du ministère de la Défense, *j'avais quelques sources de sociétés militaires privées sur place. J'avais dit au conseiller des Affaires stratégiques à l'Elysée:* «tu sais que Benghazi, c'est bourré d'islamistes! » *Il m'avait répondu :* « C'est faux, c'est un mensonge ! On ne peut pas dire ça! » *Je lui ai dit aussi :* « Votre homme, Abdel Hakim Belhajd, s'est battu en Afghanistan ». *Il me disait aussi* « ce n'est pas vrai »

Le Canard Enchaîné a cité que la Direction du renseignement (DRM) décrit comment le Qatar finance les terroristes d'Aqmi et le Mujao, auteur de l'enlèvement de sept diplomates algériens à Gao, ville du nord du Mali, ainsi que Ansar Eddine.

«*Selon les renseignements recueillis par la DRM, les insurgés touareg du MNLA (indépendantistes et laïcs), les mouvements Ansar Dine, Aqmi (Al Qaïda au Maghreb islamique) et le Mujao (djihad en Afrique de l'Ouest) ont reçu une aide en dollars du Qatar.Les prises d'otages, les trafics de drogue ou de cigarettes ne peuvent donc suffire à ces islamistes très dépensiers*» commente Le canard Enchaîné.

Jean-Yves Le Drian, n'ignore aucune des mauvaises nouvelles arrivées d'Afrique subsaharienne.Et rien de l'implication de «notre ami du Qatar», formule d'un officier d'état-major, dans la «capture» du Nord Mali par plusieurs mouvements djihadistes», écrit l'hebdomadaire qui avait déjà cité des accusations portées par la direction générale de la sécurité extérieure contre «ce riche émirat pétrolier».

Le Canard Enchaîné relève la confirmation des accusations par la DRM qui décrit le Sahel, immense territoire, comme «un nouveau sanctuaire terroriste» à cause de l'activité qatarie, notamment. «*Personne ne devrait s'en étonner*», estime Le canard Enchaîné, qui rappelle qu'en France, «*depuis trois ans, politiques et militaires sont conscients du danger*».

Plusieurs notes de la DGSE ont alerté l'Elysée sur les activités internationales de l'émirat du Qatar», ajoute l'hebdomadaire. Des notes restées lettre morte, selon le journal. «*Et sans vraiment insister, diplomatie oblige, sur le patron de cet Etat minuscule, le cheikh Hamad Ben Khalifa Al-Thani, que Sarko a toujours traité en ami et allié*», écrit Le Canard Enchaîné.

«*Les officiers de la DRM affirment, eux, que la générosité du Qatar est sans pareille et qu'il ne s'est pas contenté d'aider financièrement, parfois en leur livrant des armes, les révolutionnaires de Tunisie, d'Egypte ou de Libye*», ajoute l'hebdomadaire.

Total

L'impétueux volatile révèle que le Qatar aurait «*des visées*» sur les richesses des sous-sols du Sahel, évoquant «*des négociations discrètes*» qui auraient d'ores et déjà débuté avec Total, pour une exploitation prochaine du pétrole de la région à l'avenir!

Jean François Arrighi de Casanova, directeur Afrique du Nord de Total a ainsi fait état d'immenses découvertes gazières dans le secteur, freinant la progression du puits vers la zone pétrolière, en Mauritanie et le conduisant même à parler « d'un nouvel Eldorado». A travers sa filiale internationale Sipex, Sonatrach a par ailleurs obtenu l'approbation du ministère des Mines nigérien pour procéder à des forages expérimentaux.

Au Mali, la filiale de Sonatrach présente depuis 2007, a acquis une prolongation de deux ans, émanant du ministère malien des Mines, pour la première phase d'exploration qui prendra fin en 2013.

DGSI

Audition de Patrick Calvar (*Assemblée Nationale, Mai 2016*)

«*L'Europe est en grand danger: les extrémismes montent partout et nous sommes, nous, services intérieurs, en train de déplacer des ressources pour nous intéresser à l'ultra-droite qui n'attend que la confrontation. Vous rappeliez que je tenais toujours un langage direct ; eh bien, cette confrontation, je pense qu'elle va avoir lieu. Encore un ou deux attentats et elle adviendra. Il nous appartient donc d'anticiper et de bloquer tous ces groupes qui voudraient, à un moment ou à un autre, déclencher des affrontements intercommunautaires.*

La tentation des populismes, la fermeture des frontières, l'incapacité de l'Europe à donner une réponse commune, l'incapacité à adopter une législation applicable en tous lieux, nous posent d'énormes problèmes. Et je note, de plus en plus, une tendance au repli sur soi.

Avant d'en venir à l'état de la menace, je souhaite me faire le porte-parole des personnels que je dirige pour souligner qu'à chaque fois que se produit un attentat sur notre territoire, ils le vivent comme un échec alors que leur mission est d'empêcher qu'il ne soit commis. En revanche, certaines critiques non fondées leur font particulièrement mal – d'autant que l'engagement du service est particulièrement fort.

J'en viens à l'état de la menace. La France est aujourd'hui, clairement, le pays le plus menacé. Je vous rappelle qu'un des numéros de la revue francophone de Daech, Dar al Islam, titrait en une: «Qu'Allah maudisse la France». De leur côté, Al-Qaïda au

Maghreb islamique (AQMI), en tant qu'organisation héritière du Groupe islamique armé (GIA) des années 1990, considère toujours la France comme l'ennemi numéro un et Al-Qaïda dans la péninsule arabique (AQPA) nous stigmatise de la même façon.

La menace est par conséquent, j'insiste, très forte ainsi que l'ont montré les attentats de janvier et de novembre 2015. Elle est très forte également hors du pays ainsi que nous avons pu le constater avec les attentats de Bamako, de Ouagadougou et, plus récemment, de Bassam, en Côte d'Ivoire.

J'évoquerai uniquement ici la menace intérieure même si, du fait de notre compétence judiciaire, nous sommes systématiquement saisis de toutes les actions terroristes commises à l'étranger dès lors qu'un ressortissant français en est victime. À ce titre nous sommes saisis des attentats perpétrés à Tunis, Bamako, Ouagadougou et Bassam.

Qui nous menace? D'abord les organisations, au premier rang desquelles Daech. L'autopsie des attaques du 13 novembre révèle qu'elles ont été planifiées en Syrie, menées par des individus qui combattaient dans ce pays, pour certains depuis de nombreuses années et donc totalement aguerris. D'autres y ont été entraînés. Elles ont été le fait d'un mélange de ressortissants français – soit partis de notre territoire, soit résidant à l'étranger, notamment en Belgique –, mais aussi belges et irakiens. Ils ont bénéficié d'une logistique particulièrement importante – passeurs, faussaires établis en particulier en Turquie –, et d'un accueil, d'un hébergement en Belgique, là où ils auraient pu se procurer les armes et les explosifs utilisés sur notre sol.

Je tiens à souligner le fait qu'il n'y avait aucune cellule logistique sur notre territoire, comme l'a notamment montré la fuite d'Abaaoud, qui n'a trouvé refuge qu'en appelant sa cousine à son secours – les travers de celle-ci la menant à sa perte.

Les routes utilisées ont été variées et nous en ignorons encore certaines – notamment pour ce qui concerne Abaaoud ou les ressortissants européens. En revanche nous savons que la filière des migrants a été utilisée et qu'au moins deux membres du commando sont ainsi entrés en Europe par l'île de Leros. Ils sont arrivés sur notre territoire la veille des attaques. Les véhicules ont été loués en Belgique et les appartements depuis la Belgique.

Le délai entre leur arrivée et les frappes a donc été très court. Quant à la volonté de mourir, elle était parfaitement exprimée, comme on a pu le constater, à l'exception de Salah Abdeslam qui a pu s'échapper et d'Abaaoud qui, lui, était vraisemblablement prévu pour accomplir d'autres actions.

Nous savons que Daech planifie de nouvelles attaques – en utilisant des combattants sur zone, en empruntant les mêmes routes qui facilitent l'accès à notre territoire – et que la France est clairement visée. Daech se trouve dans une situation qui l'amènera à essayer de frapper le plus rapidement possible et le plus fort possible: l'organisation rencontre des difficultés militaires sur le terrain et va donc vouloir faire diversion et se venger des frappes de la coalition.

Si les attentats de novembre dernier ont été perpétrés par des kamikazes et par des gens armés de kalachnikov ayant pour but de faire le maximum de victimes, nous risquons d'être confrontés à une nouvelle forme d'attaque: une campagne terroriste caractérisée par le dépôt d'engins explosifs dans des lieux où est rassemblée une foule importante, ce type d'action étant multiplié pour créer un climat de panique.

La problématique pour eux est double : il leur faut des artificiers de haut niveau et il faut qu'ils puissent constituer en France des cellules leur permettant de bénéficier de la logistique nécessaire – accueil, armes… Or l'un des problèmes pour nous est précisément leur capacité à se procurer des armes. Un des domaines où l'Europe continentale devrait considérablement progresser est la répression du trafic d'armes.

À la suite d'une fusillade survenue dans une école de Dunblane, en Écosse, les Britanniques ont adopté une législation des plus rigoureuses prévoyant des peines très sévères, dissuasives au point qu'il est pratiquement impossible, aujourd'hui, de se procurer des armes à feu au Royaume-Uni.

Daech dispose d'individus capables de passer à l'action. Les chiffres que je vais vous donner sont les nôtres et ne reflètent pas nécessairement la réalité – parce qu'il y a toujours un chiffre noir que nous ne connaissons pas.

Pas moins de 645 ressortissants français ou résidents en France sont présents dans la zone syro-irakienne. Parmi eux, nous comptons 245 femmes, qui ne participent pas aux combats, et 20 mineurs qui, au contraire, s'y livrent. Ils sont donc moins de 400 à participer à des opérations militaires.Par ailleurs, 201 individus sont en transit, soit à destination de la Syrie, soit de retour de Syrie pour la France. Nous recensons 173 Français présumés morts – chiffre sans doute inférieur à la réalité, mais il est très difficile d'obtenir des indications précises du fait des bombardements. Deux cent quarante-quatre personnes sont revenues de la zone syro-irakienne en France. Enfin, 818 personnes manifestent l'intention de se rendre sur place.

Nous n'en constatons pas moins une stagnation des départs : il est plus compliqué de se rendre dans la zone concernée et l'on compte beaucoup moins de volontaires car les bombardements ont un effet dissuasif. On assiste à l'inverse à davantage d'intentions de retour sur notre sol mais qui sont entravées par la politique de Daech qui, dès lors qu'ils souhaitent quitter la Syrie, considère les intéressés comme des traîtres à exécuter immédiatement.

Je souhaite maintenant vous faire part d'une réalité totalement inconnue ou en tout cas jamais soulignée: nous recensons quelque 400 enfants mineurs dans la zone considérée. Les deux tiers sont partis avec leurs parents, le tiers restant étant composé d'enfants nés sur place et qui ont donc moins de quatre ans. Je vous laisse imaginer les problèmes de légalité que posera leur retour avec leurs parents, s'ils reviennent, sans compter les réels problèmes de sécurité car ces enfants sont entraînés, instrumentalisés par Daech: une vidéo est sortie récemment, en français, qui les met en scène en tenue militaire.

Ces enfants sont ainsi conditionnés; il faut savoir également qu'ils s'entraînent aux armes à feu. Nous disposons de vidéos montrant des enfants qui exécutent des prisonniers; ainsi, sur l'une, on voit un Français de onze ou douze ans – sans manifester aucune émotion – tirer une balle dans la tête d'un individu que Daech suppose être un agent des services israéliens. Il va donc falloir, j'insiste, s'occuper de ces enfants quand ils reviendront.

Pour ce qui est de l'aspect judiciaire, pour la seule DGSI, nous recensons 261 dossiers concernant plus de 1000 individus. Nous avons procédé à plus de 350 interpellations. Au moment où je vous parle sept personnes sont gardées à vue. Chaque semaine nous interpellons des gens. Plus de 220 sont mises en examen, plus de 170 ont été écrouées et plus de 50 placées sous contrôle judiciaire. Enfin, depuis août 2013, mon service a bloqué 15 projets terroristes en France.

Nous ne prenons souvent en considération que les Français ou les personnes résidant en France. Or nous sommes désormais obligés de réfléchir dans le cadre plus large de la francophonie. En effet, de nombreux Nord-Africains se trouvent dans les zones considérées: beaucoup de Tunisiens, un peu moins de Marocains et d'Algériens. Ils ont la capacité de venir très facilement sur notre territoire et la plupart sont francophones – on l'a vu avec les Belges qui ont opéré en France.

Ils ont aujourd'hui un intérêt particulier à s'installer en Libye. Sachez qu'il y a quelques semaines, pour la première fois, nous avons interpellé trois individus qui partaient pour la Libye, ce qui signifie que des filières pourraient se mettre en place puisque pour cela il suffit qu'une personne s'y rende et fasse ensuite appel à ses amis. Actuellement, quelques Français se trouvent dans la zone libyenne. Un mouvement s'amorce, et il faudra compter avec ceux qui quitteront la Syrie pour la Libye plutôt que pour l'Europe.

Je me suis livré devant vous à l'autopsie des attaques du 13 novembre dernier pour vous montrer que, pour anticiper, nous devons absolument bénéficier de renseignements en amont. En outre, il convient de mentionner l'échelon européen: on a beaucoup parlé du système d'information Schengen (SIS), évoqué les frontières qui n'étaient pas contrôlées, les filières migratoires...

bref, on s'aperçoit que l'Europe marche sur un pied et que tout le monde ne fonctionne pas de la même façon, indépendamment des coopérations qui existent bel et bien – je m'inscris d'ailleurs en faux contre de nombreuses allégations : la coopération est en effet totale entre les services de sécurité et les services de renseignement et les informations circulent entre eux de façon très fluide malgré, j'insiste, des systèmes législatifs complètement différents.

Le SIS est un fichier de signalisation dans lequel la DGSI a inscrit quelque 9000 noms alors que certains de nos partenaires ne l'enrichissent pas faute de pouvoir le faire pour la plupart.

Je prendrai un exemple très révélateur. L'individu qui voulait s'en prendre aux passagers du Thalys, vivait à Algésiras. Nous recevons un jour, de nos amis espagnols, l'information selon laquelle l'intéressé, qui tient des propos particulièrement virulents sans toutefois présenter, à l'époque, de dangerosité avérée, va s'installer en France. Nous effectuons des recherches et ne retrouvons pas sa trace. Il devait théoriquement être employé par la société Lycamobile mais, ne possédant pas les documents qui lui auraient permis d'y occuper un poste, il n'y est resté que quelques semaines.

Nous créons une fiche S – je rappelle qu'une fiche S est un moyen d'enquête, ni plus ni moins qu'un indicateur parmi d'autres pour se faire une idée du potentiel et de la personnalité d'un individu que nous souhaitons surveiller; aussi quand on évoque les fiches S1, S2, S3, S4... on ne renvoie qu'à des conduites à adopter et non à des degrés de dangerosité. Un an plus tard, nos collègues allemands nous signalent que l'individu en question vient d'être contrôlé à l'aéroport de Berlin, sur le point d'embarquer pour Istanbul – fait qui donne une coloration différente à la personnalité de l'intéressé.

Nous informons les Espagnols qu'il se trouve en Allemagne et se rend en Turquie. Ils nous répondent qu'ils sont au courant mais que, depuis, il s'est installé en Belgique. Comme le font les Espagnols, nous informons donc les Belges. Nous perdons dès lors sa trace puisque nous n'avons plus aucune raison de nous en occuper: il ne se trouve pas sur le sol français. C'est depuis Bruxelles qu'il montera dans le Thalys et qu'il tentera de tuer le maximum de personnes au cours de l'action que vous savez. Une polémique s'ensuivra aux termes de laquelle on fera valoir que le service intérieur français connaissait l'intéressé et le surveillait.

Pour ce qui concerne les coopérations, je commencerai par l'échelon national qui recouvre tous les services de la communauté du renseignement. J'ai l'habitude de décrire le renseignement comme une chaîne où chaque maillon, en complémentarité et en coordination avec les autres, accomplit sa mission. Il n'y a donc pas, pour nous, de services nobles et de services qui ne le seraient pas, mais seulement des services spécialisés disposant de moyens que n'ont pas nécessairement les autres. Nous entretenons une relation très étroite avec la direction générale de la sécurité extérieure (DGSE), avec laquelle nous coopérons au quotidien. Nous avons atteint un niveau de coopération jamais égalé.

Sur le plan international la coopération est très forte. Nous nous reposons bien sûr sur les grands services et force est de constater que les plus gros pourvoyeurs de renseignement sont les services américains. Mais nous coopérons également avec les services russes. Quelque 7 à 8% des individus concernés par les filières syro-irakiennes étant des Tchétchènes, il est bien évident que nous travaillons avec le Service fédéral de sécurité de la Fédération de Russie (FSB) et que nous cherchons avec lui tous les moyens d'identifier les individus en question, de connaître les actions qu'ils ont l'intention de commettre, et les réseaux auxquels ils sont susceptibles d'appartenir.

Reste que nous nous heurtons à un problème bien connu et qui va grandissant: celui du chiffrement. Sans trahir le secret de l'instruction, à travers les investigations opérées à la suite des attentats de Bruxelles, nous nous sommes rendu compte que nous avions affaire à des structures très organisées, très hiérarchisées, militarisées, composées d'individus communiquant avec leur centre de commandement, demandant des instructions sur les actions à mener et, le cas échéant, des conseils techniques.

Cette communication est, je le répète, permanente et aucune interception n'a été réalisée; or même une interception n'aurait pas permis de mettre au jour les projets envisagés puisque les communications étaient chiffrées sans que personne soit capable de casser le chiffrement. Je rappellerai pour mémoire le conflit ayant opposé Apple et le Federal Bureau of Investigation (FBI); quand on connaît la puissance de ce dernier, on voit bien que nous sommes confrontés à un problème majeur qui dépasse largement le cadre des frontières nationales.

J'entends par ailleurs démythifier tout ce qu'on dit en permanence sur le renseignement technique et le renseignement humain, car cette distinction ne signifie rien. Voilà trente-neuf ans que j'exerce ce métier: il y a le renseignement et ensuite les méthodes par lesquelles on peut l'obtenir, l'essentiel étant de l'obtenir. On ne peut toutefois faire abstraction de l'évolution du secteur numérique. Nous sommes bien obligés d'en tenir compte d'autant qu'en face de nous les gens sont très professionnels.

Pour finir avec Daech, nous aurons à nous occuper des vétérans. Nul doute que nous gagnerons le conflit, du moins avec l'organisation telle qu'elle existe –mais le problème – parce que politique – ne sera pas réglé pour autant. Pour assurer notre sécurité, nous devrons nous occuper des vétérans. Nous avons connu le phénomène des vétérans d'Afghanistan qui a donné le GIA en Algérie et les attentats de 1995 en France. Il ne faudra pas perdre de vue que parmi les futurs vétérans il y aura des terroristes très aguerris mais aussi des gens relevant d'ores et déjà de la psychiatrie et dont nous ne savons pas ce qu'ils vont devenir.

La deuxième organisation qui nous menace est Al-Qaïda. AQMI se manifeste surtout au Sahel et ailleurs en Afrique mais, à l'exemple du GIA en 1995, n'exclut pas un jour d'exporter la violence. Là aussi, les facilités de communication et de voyage entre l'Afrique du

Nord et la France poseront des problèmes. AQPA, de son côté, a revendiqué l'action des frères Kouachi même si le lien paraît tout de même très lointain puisque l'un d'eux s'était entraîné au Yémen en 2011.

Al-Qaïda a besoin de redorer son blason. Cette organisation a pratiquement disparu de la scène islamiste et voudra, à un moment ou à un autre, tenter une action d'envergure à même de lui redonner une importance telle qu'elle puisse recruter à nouveau. Reste que de nombreux Français se trouvent au sein du Jabhat al-Nosra (Front al-Nosra). Il est difficile de savoir combien ils sont exactement et à quelle organisation ils appartiennent mais il faudra là aussi que nous nous occupions d'eux à leur retour.

Certains groupes, au sein d'Al-Qaïda, sont préparés pour des actions extérieures, planifiées à long terme et qui se veulent d'une telle ampleur qu'elles ne peuvent pas se réaliser de façon très rapide.

Outre les organisations, nous avons une autre source d'inquiétude: des appels sont lancés depuis la Syrie par des gens à certains de leurs amis qui se trouvent sur notre territoire afin qu'ils y commettent des actions. Nombre des réseaux que nous avons démantelés appartiennent à cette catégorie-là. Nous sommes également confrontés à la présence d'islamistes, sur notre territoire, et qui ne sont liés à aucune organisation.

Je rappelle également que la revue en anglais d'AQPA, Inspire, enjoignait à ses partisans de ne pas se rendre sur place mais de frapper depuis l'endroit où ils se trouvaient en utilisant tous les moyens à leur disposition.

Les velléitaires constituent notre troisième source d'inquiétude, à savoir ceux qui auraient bien aimé partir pour la Syrie et qui, pour diverses raisons, n'ont pu le faire. Dans ce cas, nous sommes confrontés à la propagande massive de Daech et à la capacité de bloquer les messages sur internet. Je classerai dans cette catégorie des gens contre lesquels il est très difficile d'agir: tous ceux qui relèvent de la psychiatrie, des instables psychologiques.

Pour finir, la question relative à la menace n'est pas de savoir «si», mais «quand» et «où».

Profond mal-être

Il faut tâcher de comprendre à qui nous avons affaire. Nous constatons chez la plupart de ceux que nous arrêtons un profond mal-être; or la seule idéologie qui leur donne une raison d'exister en ce bas monde est l'extrémisme religieux. Je passe sur le désir d'aventure, de violence, de vivre dans un autre monde. Reste qu'ils détestent notre société: «Nous aimons la mort comme vous aimez la vie.» C'est très frappant.

Je l'ai dit en d'autres lieux: je ne m'explique pas comment une fille de quinze ans quitte la France pour se rendre en Syrie vivre dans des conditions abominables; je ne m'explique pas comment un gamin que rien n'y prédispose, va poignarder un enseignant juif au seul motif, je le répète, de détester cette société. Aussi, si l'on se limite à une réponse sécuritaire, on se trompe.

Or une opération terroriste ne coûte quasiment rien: louer une voiture, un appartement, acheter des armes, vivre au quotidien… Nous avions saisi la comptabilité de la campagne terroriste de 1995: elle a coûté au total 150000 francs – depuis l'assassinat de l'imam Sahraoui jusqu'au démantèlement du réseau. Beaucoup sont issus du milieu de la délinquance donc ils ont les contacts nécessaires et savent commettre des vols, au besoin, pour se financer.

Banlieues

Il y a trente ans ou plus, on a fermé les yeux sur les premiers incidents survenus dans les banlieues. Cela a abouti à ce que les zones concernées soient dirigées par de petits caïds – il s'agissait de délinquance et elle n'affectait pas le consensus social. Aujourd'hui nous nous trouvons dans une situation de «conscientisation» d'une partie d'entre eux. Comment expliquer qu'un voyou qui, toute sa vie, n'a eu pour idée que de voler son *voisin pour pouvoir jouir de l'existence, va tout à coup basculer dans un extrémisme morbide puisqu'il va l'amener au sacrifice de sa vie.*

C'est pourquoi j'estime que si l'on ne raisonne qu'en termes de sécurité, on va dans le mur. La sécurité est en effet une sorte de SAMU: or un SAMU a pour mission de vous conduire vivant à l'hôpital mais pas de vous soigner.

Pour être franc avec vous: je crains cent fois plus la radicalisation que le terrorisme. Avec le terrorisme, nous prendrons des coups mais nous saurons faire face – nous avons connu des événements très graves tout au long de l'histoire; mais cette radicalisation rampante qui va bouleverser les équilibres profonds de la société est à mes yeux beaucoup plus grave.

Les terroristes sont issus du milieu du banditisme. Cette porosité entre terrorisme et banditisme ne concerne pas la finalité, les objectifs, mais traduit le fait que des individus ont grandi ensemble dans les mêmes quartiers, ont parfois été incarcérés ensemble, et ont de ce fait développé une certaine forme de complicité.

Sans prévention nous n'y arriverons pas. Cependant, les individus en question sont largement inaccessibles au discours. Les gamins se «shootent» aux vidéos de Daech. J'aurais pu, pour cette audition, apporter et projeter une de ces vidéos, par exemple «Tends ta main pour l'allégeance». Leur capacité d'attraction est extraordinaire. Face à cela, nous disons à ces gamins d'aller à la mosquée, alors qu'ils ne comprennent pas tout ce qu'ils y entendent, ne connaissant souvent rien à l'islam et au Coran. Le décalage est très grand. Il faut trouver des gens qui soient crédibles auprès d'eux. C'est difficile avec les repentis car, pour eux, un repenti est un traître.

Pour ce qui est de la DGSI, sa création a répondu à l'impérieuse nécessité de disposer en France d'un véritable service de sécurité intérieure, pendant naturel de la DGSE à l'extérieur, à l'image de ce qui existe chez nos principaux partenaires étrangers avec lesquels nous coopérons. De fait, il convenait que ce nouveau service puisse se voir assigner des missions très précises – pour éviter de nous heurter à certains écueils comme par le passé –, au service des intérêts fondamentaux de notre pays, avec des pouvoirs précisément décrits et contrôlés, le vote de la loi relative au renseignement en ayant constitué l'aboutissement.

Parmi les missions cardinales de la DGSI, la lutte contre le terrorisme occupe, bien sûr, une place prépondérante, mais on ne saurait méconnaître les autres formes de menaces qui visent la France et ses intérêts, comme l'espionnage – mal endémique, insensible, mais ô combien dévastateur dans un monde où les grandes puissances se livrent à une lutte acharnée pour préserver leur leadership sur les plans politique, économique, militaire, industriel.

Découlent de cette mission non seulement la protection de nos intérêts économiques dans un univers particulièrement concurrentiel, mais aussi la lutte contre les proliférations ou encore la cyberdéfense, les cyber-attaques représentant un nouveau péril qui ne cesse de prendre de l'ampleur; bref, tout ce dont l'État a besoin pour protéger les intérêts fondamentaux de la nation.

Pour ce qui concerne ses moyens, la DGSI compte aujourd'hui plus de 3000 agents, dont 73% de fonctionnaires actifs de la police nationale, 16% de fonctionnaires administratifs et 10% de contractuels.

Ces chiffres tiennent compte des recrutements déjà réalisés depuis la mise en œuvre des trois plans de recrutement décidés par le Gouvernement, sachant qu'à terme, en 2018, avec l'achèvement de ces plans, l'effectif total de la DGSI sera de plus de 4000 agents, à raison de 68% de fonctionnaires actifs de la police nationale, 14% de fonctionnaires administratifs et 17% de contractuels.

Autrement dit, la croissance en effectifs, sur une période de cinq ans, sera de près de 40%. Aussi, je vous laisse imaginer les difficultés auxquelles nous sommes confrontés en matière de recrutement, de formation, de professionnalisation et de fidélisation.

Cela suppose également une définition précise, dans le cadre d'un plan stratégique de montée en puissance, de nos besoins, une mise en place de parcours de carrière; en quelques mots, cela implique une gestion très fine de nos moyens humains, sans compter le défi majeur qui consiste à faire travailler ensemble des personnels venus d'horizons divers et pour certains à forte culture professionnelle.

Les defis

Le premier est technique: on ne peut désormais faire abstraction de l'avènement du numérique et de ses conséquences profondes sur nos modes d'enquête; nous avons donc recruté et continuons de recruter des ingénieurs et des techniciens; j'y reviendrai en évoquant la lutte contre le terrorisme.

Le défi analytique, ensuite: la complexité des problèmes et menaces traités nous impose de recourir à des personnels non issus de la police nationale mais spécialisés dans l'économie, la finance, voire dans d'autres domaines plus opérationnels, tels que des psychologues ou des linguistes.

Le dernier défi est juridique: la loi relative au renseignement, outil indispensable à notre action et qui la légitime, nous a amenés à former plus de 2500fonctionnaires à sa mise en œuvre.

Dernier point: nous avons une couverture nationale et sommes présents dans soixante-dix-neuf départements ainsi qu'en outre-mer. Nous disposons enfin de représentations à l'étranger où nos officiers ont pour seule mission d'assurer la coopération avec les services de renseignement et de sécurité locaux.

Plus de deux tiers de nos capacités sont consacrées à la lutte contre le terrorisme. À cet effet, sont mobilisés: la sous-direction parisienne spécialisée en la matière, l'ensemble des fonctionnaires de nos implantations territoriales, nos capacités de surveillance physique et technique, sans oublier notre sous-direction judiciaire *et ses antennes provinciales.*